U0044304

喚醒
沉睡的天才

ART AND SCIENCE OF COACHING:
INNER DYNAMICS
教練的藝術與科學：教練的內在動力

瑪麗蓮·阿特金森　　蕾·切爾斯 —— 著
Marilyn Atkinson　　Rae Chois

古典　王岑卉 ———————————— 譯

華 品 文 創

謹以此書獻給米爾頓·埃里克森，

他的探索精神，他對人類的愛，

以及他對人類能力的信任，使我受益終生。

——瑪麗蓮·阿特金森博士

目次

CONTENTS

第十章‧英雄之旅：你生命的召喚

結語‧應用智慧：
通過肯定來強化從每章學到的知識

| 推 薦 序 |

我所知的教練本質

至今還難以忘記瑪麗蓮老師給我上的第一堂課，她沒有問我們童年的陰影，沒有問我們內心的苦難，也沒有問我們關於當下內心的寧靜……

我看她的眼睛，我知道她都理解這些，但是她沒有問，她只是問我們這樣一些問題：

如果五年後，你的家人、朋友會因為你而改變，那麼是因為你做了些什麼？

如果十年後你所住的城市會因為你逐漸發生改變，那是因為你做了些什麼？

很多年後，這個世界會因為你有什麼不同？

這問題從一個前所未有的角度擊中了我，讓我有點不知所措。我看看左右的人，左邊的一位老大哥在專心地把話記錄下來，以確保自己記得；右邊的一位女士若有所思地在發呆；後面的大部分人在互相交流。我不知道他們是不是如我一樣，被這個問題轟然擊中。

這個世界會因為你有什麼可能？

我們從小被教育要好好學習，不要空想，踏踏實實，做好螺絲釘。卻從來沒有想過，自己也許是一個發動世界改變的天才。那一天我的腦子轟轟作響，各種想法如非洲角馬過河，轟隆奔馳。我花了好幾個晚上，才把突然爆發出來的想法慢慢記錄下來，從狂想變成夢想。在接下來的學習中，我接觸到很多教練工具，平衡輪、英雄之旅、迪士尼策略，它幫我使我的夢想逐漸清晰，由夢想變為願景和使命，再由使命逐漸變為計畫。當計畫那麼清晰地呈現出來，開始行動也就變得不那麼恐懼和不確定。我開

始用幾年時間實踐這些計畫。當計畫遇到障礙，我會重新回到當初的願景畫面，這讓我能保持「在路上」。

幾年下來，走著走著，這計畫變成今天的新精英。當年的新精英從舊的辦公室搬出去，我們翻出來當年團隊一起做的迪士尼策略，驚喜地發現，當時的一切都已經或正在實現。讓我們朝著夢想出發，讓我們靈活而有原則地前進，走著走著，夢想與現實的界限逐漸交融，我們發現自己已經站在自己夢想的臺上，我想這就是教練的力量。

這也是為什麼當瑪麗蓮老師提到想要翻譯她的著作進入中國，我第一個舉手希望參與的原因。我好奇這些神奇的技術背後的心理機制，急切地想成為第一個讀者，想知道這是發生在我身上的個案，還是有可能發生在每一個人身上？

在慢慢地學習和翻譯中，我逐漸理解到這個問題背後的更多理論背景——20世紀60年代末，心理學開始反思自己的使命與定位——從建立開始，心理學有三大使命：療癒精神疾病，幫助人們幸福，以及發現和培養天才。但二戰後，人們發現心理學大部分精力在療癒精神痛苦中，慢慢在忘記關於幸福與天才的兩項使命。美國心理學家大會主席塞里格曼在他的《真實的幸福》一書裡面談到，2000年前的心理學文獻中，關於抑鬱、焦慮等文獻占到了95%，而關於幸福、愉悅的只有不超過5%，心理學在慢慢成為一門「受害心理學」。這個反思直接帶來另外兩個使命的研究、思考和應用——幫助人們幸福的使命導致了積極心理學的誕生，最近很火的「哈佛幸福課」是其應用成果之一；而發現和培養天才這個使命則直接推

動了對腦科學、性格分類、學習法的更深的研究，大家熟悉的《現在，發現你的優勢》《一萬小時天才理論》都是其應用，而教練方法則是在激發個人天賦和行動方面最重要的應用成果。

變革發生時，瑪麗蓮老師是一名剛畢業的心理學博士，她用了近20年的時間作為一名研究者和諮詢師參與到發現和喚醒天才的變革之中：花費數千小時訪談各行各業最優秀的人，試圖尋找到他們獨特的思考方式並且抽離。她也用近十年的時間與當時心理應用界一流大師如埃里克森、薩提亞、皮爾斯‧羅伯特‧迪爾茨等學習與工作，她也把自己所學所感記錄成為這本書——教練不是一系列看上去神經兮兮的問題、似懂非懂的工具、神秘詭異的課程，更加不依賴於某幾個「大師」「高人」才能起作用。（我曾和瑪麗蓮老師聊過中國的一些「教練」，她直接說：「That is no coaching.」——那不是教練。哈哈，深得我心。）教練是基於紮實的心理學基礎和我們對於腦科學的理解，每一個人都能學會。

這也是我認真向我的朋友、學員和更多讀者介紹這本書的原因——瑪麗蓮老師理解到天才不是指某一類人，而是一種每個人都能有的思考和工作方式——如果人們掌握這套思維模式和信念，每個人都能發揮出自己最好的部分，實現自己希望的人生圖畫，成長為自己最好的樣子。

最後講一個故事，有次瑪麗蓮老師剛到中國，我想去拜訪她。我們匆忙打電話約好第二天早上7點（seven）在北京的花園酒店見面。第二天一大早，我在前台等了15分鐘後打電話到她的房間。老太太接到電話，要我等一會兒，15分鐘以後，她以一貫的優雅著裝出來，笑著對我打招

呼，我們一起散步，吃早餐，交換對於教練的看法，相談甚歡。直到回去的時候，瑪麗蓮老師拉著我的手說，Dan,也許你聽錯了，我們約的是11點（eleven），不是7點（seven）。

天啊！是我昨天太匆忙聽錯啦！（其實也是聽力太爛了！）這正是瑪麗蓮老師倒時差的早上。難怪她根本沒有起床，是活生生被我電話吵醒來的！當我臉上的尷尬還沒有來得及泛起的時候，她又拉著我的手說，但是這個早晨真的不錯，不是嗎？So far so good. 而且我有時間去好好睡一個下午覺啦，謝謝你。她拍拍我的肩膀，像對自己的孩子，慢慢地轉身走了。

洞悉人生的智慧以及背後的包容一切的愛，這就是我從瑪麗蓮老師身上看到的教練的本質。她的願景是把教練的思考方式帶往全球。而我能做到的，就是努力地傳遞她的思想、看法以及對於生命的洞見與愛。

古典
新精英生涯總裁
資深職業生涯規劃師與教練

|引言|
知道往哪裡敲的價值

　　你可能聽過這樣一個故事。一艘大西洋遠洋巨輪由於發動機故障，中途被迫停泊在一個港口。船長找來好幾位受過良好教育的發動機專家幫忙。這些人擺弄了半天，最後都無功而返。船長絕望地想，如果沒人能解決發動機問題，這艘船可能要一直停在這裡了。

　　這時，有人向船長推薦了一個老頭，這個老頭當了一輩子蒸汽機機械師。船長找到了他，請他來看一下能否解決問題。這個老頭背著一個工具包，看起來就像個鄉村醫生。他蹲在迷宮一般的發動機管線邊仔細觀察，不時左戳戳右敲敲。15分鐘後，他確定了一個點，在管道上增加了一個小零件，然後猛敲這個地方，同時啟動了發動機。突然，發動機開始轉動了，問題解決了！他又敲了幾下，發動機就開始正常運轉了。

　　老頭收拾好工具，問船長要價5000美元。

　　「什麼？」船長喊道，「太貴了！你不過是敲了15分鐘而已，你得給我列個費用明細，說一下哪裡值這麼多錢！」

　　老頭迅速列出了以下費用明細：

零件：2美元

知道往哪裡敲：4,998美元

共計：5,000美元

　　付出努力固然重要，但知道在生活和人際關係的哪個方面努力，則會給你的生活和你與他人的關係帶來許多重大變化。

　　本書將幫助讀者弄懂，在人生的複雜管線上應該往哪裡敲。本書將帶領讀者深入瞭解成果導向教練的內在科學和哲學。正是它們使成果導向教練成為21世紀的一股新力量。這本書揭示並探索了人的大腦與心靈的運轉法則，勾勒出了在當代進行轉化式對話的框架。本書是一本實用手冊，將幫助讀者理解如何從充分發展人性、充分實現自己最高願景的角度改變生活。它還有助於你構建內在力量，同時幫助你周圍的人發揮他們的最大潛力。

本書的使命：你的旅程

　　本書的總體目標是邀請讀者進行一次自發而深刻的對話，一次關於生命和個人目標的對話。這是轉化式教練對話的第一步。本書的目標是，從一開始就幫助你理解轉化式教練的理論框架，讓你學會如何與自己和他人進行轉化式對話。

　　本書為你提供了一個機會，讓你去探索教練運動的根源，去探索成果導向教練的基本運作原則和內在動力。你還會學到一系列實用的原則以及持久的方法和工具。世界各地有許多人都在使用這些方法和工具，在對話中激發人的思考，為生活帶來重大的改變。我邀請你將這次閱讀當做自我探索的旅程，自己去檢驗書中提及的原則。

　　本書特別描述了教練的科學基礎，即人們內在的運作系統。這是計畫思維（project thinking）的根本動力。計畫思維培養了人們自我探索和開放式發現的習慣。這段旅程也是自我教練系統的發展之旅。在深刻理解這個系統後，你就可以跨越舊有的障礙，創造持久的改變。你將學會如何在你的計畫和思維中建立一個教練的位置。在這本書裡，你還將瞭解思維—頭

腦系統運作的基本知識，掌握強大的「視覺化」（visualization）工具的關鍵因素。

最重要的是，作為一位專業教練，或一位正在接受培訓的教練，或想把教練方法用於自己生活的人，你可以從書中學到人類內在動力的結構，學到人是如何通過簡單有力的方法重獲內在動力的。你可以學到一些簡單有力的練習方法，並將其用於轉化式對話。你還可以學到一些體驗式的練習方法。

從我們收到的回饋來看，我們相信，只要你充滿熱情地學習，按照書中要求作相應的練習，你就會出現三個重要的內在變化：

· 如果你全身心投入，你就會在過程中獲得全新的感悟和認識。你會對自己說：「哇！我在原先的基礎上前進了一大步！」

· 通過技能培訓和應用，你與他人溝通的能力也會有所提升。我們希望你利用這本書規劃一個技能構建體系（skill-building regime）。你會發現，「如此一來，我在生活的各個方面都能更好地幫助他人了」。

· 隨著內在願景的拓展，溝通和人際技能的提升，你心中的熱情也將被點燃。我們希望你持續進行自我拓展的對話。一旦心中的熱情被點燃，你就會對自己說：「哇！這種學習對我和我的人際關係來說太有價值了，我承諾要不斷學習、不斷整合、不斷成長！」

人們表示，讀完這本書而沒有獲得靈感，沒有反思自我，沒有感到警醒，是不可能的事。在享受書中資料的同時，你也踏上了一次有意義而又刺激的旅程。你投入的越多，收穫的就越多。當你全身心投入時，你將有

以下收穫：

- ·與生命中真正的使命和願景重新相連。
- ·喚醒你真正的內在天賦，承認自己的偉大，認識自己的潛力。
- ·發展與自己和他人的關係。
- ·加深你在個人生活和專業上的洞察力和能力。
- ·更有效地為他人做出重要貢獻。

我對讀這本書的你作了一些基本假設。我認為，本書的讀者應該是一位終身學習者，無論在個人生活還是在專業方面都是如此。作為一名終身學習者，你致力於創造性地整合所有關於自我發展的最佳資源，以便激發出自己和他人的最佳水準。

你覺得自己是這樣的嗎？如果你的答案是肯定的，那我很高興你選擇閱讀本書。這無疑是你對自己最有價值的投資，你將踏上一次令人難以置信的奇妙旅程！

我們的目標是為你提供自我發展之旅中的最佳工具，幫你實現自己的夢想。同時，我們也希望你能積極影響與你一同走上旅途的人，為創造更美好的世界做出貢獻。

如果你暫時還不認為自己是一位終身學習者，本書也可以激發你成長的意念，讓你對自身的潛能感到好奇，讓你的人生邁上一個新台階。

《教練的藝術與科學》書系

我和蕾·切爾斯共同編寫的《教練的藝術與科學》系列共有三本，都是我多年來擔任教練的研究成果。這些年，我有幸研究了許多成果導向實

踐者的工作，他們遍佈全球各地。

　　本系列三本書總結了成果導向教練的工具和流程，歸納了米爾頓‧埃里克森國際教練中心一些學生的成果。米爾頓正是開創了成果導向方法論的非凡魔術師。我們的目標是通過埃里克森國際教練中心拓展基本的埃里克森教練法，加深對以下問題的理解：世界各地的人們如何激發自己的想像力，從消極被動轉向積極主動，成為自己生活的強大領導者，同時幫助周圍的人掌控生活。

　　除了我們在實際培訓課程中講授的教練的藝術、科學和內在動力，這三本書還揉合了許多課程元素，為讀者理解自己和周圍人生活中深刻而隱秘的真理打下了基礎。本系列關於如何喚醒人們的最佳水準，從而充分發揮他們的潛能，還提供了一個循序漸進的系統。

　　本系列第一本《喚醒沉睡的天才》主要研究「自我」，融合了21世紀的腦科學新發現，介紹了前沿科學的研究成果，揭示了一些發人深省的哲學道理。

　　本系列第二本《被賦能的高效對話》將教練技能視為一個系統進行教授，幫助讀者進行有效的轉化式教練對話。

　　本系列第三本《FLOW——心流》提供了極佳的詳細步驟，有助於你進行為生活帶來持久改變的教練對話。

瑪麗蓮‧阿特金森

如何使用本書

我們充滿激情的目標

　　埃里克森國際教練中心是一所世界性的中心，致力於發展人的潛能，提升人的幸福感。埃里克森國際教練中心創辦於1980年，如今足跡已遍及世界五大洲的36個國家。作為埃里克森國際教練中心的創始人，我和成千上萬的同伴一樣，擁有一個共同的目標——通過每一次轉化式對話來改變世界。

　　埃里克森的成員包括專業教練、培訓師、個人成長實踐者，以及參加過遍及全球的埃里克森訓練課程的專業人士。這三本書是經過國際教練聯合會認證的125小時密集教練培訓課程「教練的藝術與科學」的輔助材料。歡迎你，本書的讀者，成為我們埃里克森網路中的一員！

我的故事與教練事業的發展

　　我一生致力於理解人的思維，發展利用思維和頭腦天然結構的技能與方法，幫助人們實現深刻而持久的心靈—思維發展。我花了很多年時間開發《教練的藝術與科學》三部曲中的教練工具和策略。這三本書都是我在2006年完成的，是我作為一名臨床心理學家、埃里克森治療師、專業教練、國際培訓師和觀察家35年研究與工作的結晶。

　　我出生在一個加拿大農場，祖上是來自瑞典的移民。60多年前，那是很典型的家庭背景。當時的社會環境並不鼓勵自我發展。孩子，特別是女孩，不該說太多、想太多，也不該對自我發展和自學太感興趣。他們都認為，女孩就該結婚生子。

　　換句話來說，我尋找內心方向的道路並不平坦。我家人之間的溝通方式很有限，那種簡單僵硬的溝通也讓人很難理解他人的價值觀、想法和知識。像當時加拿大西部的許多年輕女孩一樣，我很早就結了婚，20歲出頭就生下了第一個孩子。我一共生了兩個孩子。當時，我和丈夫根本沒有準備好做父母，更別說構建共同的價值觀、使命和願景了。當然，我們遇到了幾乎所有父母都會遇到的難題。我們為了生活分工爭執不休，對生活缺乏幽默感。我們的健康狀況都很糟，溝通也不順暢。可以說，我成年後的前15年充滿了痛苦和挫折，讓我失去了對生活的希望和對內心的探索。

　　我是如何從這種狀態走出來，最終成為一位幫助他人發現內心目標的、充滿激情的教練的呢？我最終是如何成為一家發展人際關係、加強溝通的國際教練中心的院長的呢？這裡有一個故事。

　　通過對內心堅持不懈的探索，我最終確定了自己的使命，運用我的天賦走出了墨守成規、不鼓勵學習和自我發展的環境。我學會了超越那些否定我、諷刺我的言論。在這個過程中，我得到了一些人的幫助。他們和我有相似的背景，並成功克服了這些困難。

　　從剛開始研究人類如何改變的時候，我就很推崇美國精神病學家米爾頓・埃里克森的智慧。他關於自我修復和成果導向教練的方法和策略，在本書的許多故事和章節中均有體現。從20多歲到30多歲這十幾年的追尋自我之旅中，我學習了很多理論和學派。幸運的是，通過朋友的介紹，我在35歲時偶然讀到了埃里克森的研究成果。

　　我讀到他的研究成果時興奮極了。他的方法非常實用、直接、有效、

全面。我充滿熱情地研究他的方法，並在實踐中不斷努力，希望成為像他一樣的治療師。雖然我從未見過他本人，但從讀到他的作品時起，他的智慧始終伴我前進。用隱喻的方式來說，即便現在他仍然像是坐在我肩膀上一樣，他是我一生中最關鍵的導師。

埃里克森深邃的觀點和幽默的語言，以一種我難以描述的方式照亮了我的人生目標。他對人類的讚賞和尊重，對我有著不可估量的啟迪作用。讀者可以參閱本書的第七章，這一章介紹了我多年來對埃里克森一些原則的研究成果。通過這次探索之旅，我開始尊重和理解自己的內在潛能。通過成功的自我挑戰，我看到了自己的生命之光，也看到了身邊所有人的內心之光。

目前，教練事業在世界各地迅速發展。以米爾頓‧埃里克森命名的埃里克森國際教練中心是教練事業在全球發展的先鋒。現在有很多新的機會，人們可以通過實踐去探索成果導向教練之路。我能夠持續追尋這份事業，並發揮過去難以想像的力量，正是因為我有超越個人目標的追求，並對人類發展存在一份願景。

實際上，我在幾年前遇到了困難，前進時舉步維艱。現在，我可以欣慰地說，我遵循了自己內心的呼喚。如今，我在世界各地分享成果導向教練法。希望通過我的分享和傳播，同路人可以走得比我更快。

我的目標是通過遍佈各地的國際教練中心，以這項充滿影響力的工作，觸及並影響更多走在同一條道路上的人。蕾‧切爾斯是我的同事和朋友，也是埃里克森畢業的教練，她和我共同撰寫了這本書。我們希望，這些改變人生的方法能夠幫到你，幫到所有埃里克森人，幫到世界各地參與

教練事業的人。

我衷心祝賀你，因為你選擇了和我們共享這段旅途！

如何使用本書

我們希望你逐章閱讀每個章節，完成一個章節的練習後再看下一個章節。所有的概述和練習結合在一起有極大的力量，它將協助你完成自我指導和自我發展的進程。

書中每個章節都包括引文、故事、一個或幾個互動練習和個人體驗。我們希望你在讀每一章時都能完成這些練習和體驗。這樣，本書才能給你帶來更多價值。練習將幫你整合每一章中學到的思路。如果你漏掉了一個或幾個練習，就可能錯過對一些東西的領悟。在本書的最後，我們提供了一些資料，幫你總結自己的潛能，整合從書中學到的東西。

讀完本書之後，你可以繼續讀下一本書《被賦能的高效對話》。該書是本系列的第二本，細緻解析了互動式成果導向教練法的步驟，介紹了變革式對話的核心組成部分。完成第二本書的學習後，你可以繼續閱讀第三本書《FLOW：心流》，學習教練對話的關鍵流程，並完成相應的練習。

探索對自我發展的承諾

或許你已經是一名教練了。如果是這樣的話，通過閱讀本書，你將獲得更寬廣的教練視野，能更好地理解由內而外發揮的潛能。如果是這樣，本書將帶領你學習並掌握教練的內在對話。或許你是一位父親或母親，也可能是一位經理、生意人、朋友、導師、諮詢師、藝術家、助理教練，你

希望把教練技能融入自己的生活，希望能更好地理解和掌握教練方法。本書將為你提供一個全新的角度，學習如何發揮自己的潛能和激發周圍人的潛能。

對於一位教練或使用教練方法的人來說，這些對話的重要性就像寶石對珠寶商的重要性一樣。本書講述了探索內心的方法，這正是教練事業在世界各地迅速發展的原因。這本書也是關於你的，它告訴你作為一名教練，如何獲得智慧，增長能力，得到最佳練習。

這些對話包括什麼？花一點時間，思考一些關於人性的重大問題：

・如何管理自己的情緒？

・如何堅持目標，即使在追求目標的過程中遇到困難，仍保持樂觀心態？

・如果中途放棄了原本的目標，你要如何擺脫挫敗感，如何走出一條新路？

・如何與超意識建立積極的聯繫，如何利用自己的內在資源？

・如何把內心的恐懼和「小妖的幻象」轉化成你真正的潛能？

教練是一門關於個人承諾的科學。本書將開啟你探索這門科學的基礎之旅。我們的目標是為你提供靈感，讓你瞭解人們如何將練習系統化，從而在對話中和生活中獲得強大的創造力與巨大的歡樂。

邁出第一步

現在，請你花一點時間捫心自問：「我為什麼要讀這本書？我希望讀完這本書後獲得什麼？」

　　你開始閱讀，是希望自己成為更好的教練，是希望加深對自己的瞭解，還是希望和他人更有效地溝通？不管你的原因是什麼，不管是否包括以上三個原因，現在就請你確定目標！你剛開始讀的時候，就請想像一下實現目標後的景象。你在讀這本書和做相關練習時，請遵守承諾，實現目標。

　　這本書的內容是關於如何運用成果導向教練法來實現強大的內在改變。本書旨在為你提供內在教練技能的基礎知識和一條自我探索的通道，幫助你發現自己的人生目標。

　　我相信，通過本書介紹的引人入勝的練習，你獲得的成效將相當顯著。先逐章讀完這本書，再看完本系列的其他兩本書，通過書中提供的問題和工具，你將發展出屬於自己的強大教練工具。

　　本書將改變你的生活，因為它將向你揭示人類經驗的重要性，揭開你從未想像過的秘密，開拓你的視野和心靈。我保證，你花在此次旅途上的時間和努力，將給你帶來千百倍的回報！

　　感謝你的閱讀，感謝你選擇《教練的藝術與科學》書系。

瑪麗蓮·阿特金森

蕾·切爾斯

第一章

如何玩轉大師的遊戲：
教練方法

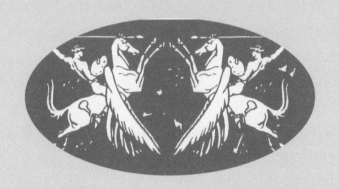

熱愛生命吧！
我們會成為自己想要成為的人！

——無名氏

喚醒你和他人心中
沉睡的天才

　　美國精神病學家米爾頓‧埃里克森博士（Milton Erickson, 1901.12.5-1980.3.25）以使用非常規的心理療法著稱於世。他經常用隱喻和故事進行治療，並稱這種方法為「成果導向法」。他常常與學生們分享下面這段回憶。這段回憶還幫助他創設了一套基於樂觀和信念的諮詢療法。

　　他還是個10歲小男孩的時候，曾在一個晴朗的春日清晨往父親的農場走去，準備把幾頭小母牛從草地趕回牛圈裡。這段路漫長而無聊，他無精打采的，一心只想去別處。突然，他聽見一陣低沉的嗡嗡聲，抬頭一看，發現廣闊的藍天上有一架白色的雙翼飛機朝自己高速飛來。奇怪的是，那架飛機猛地來了個俯衝，低空掠過他父親的農場上方。引擎的隆隆轟鳴聲在他的頭頂上呼嘯而過，他腳下的大地也隨之顫動。飛機掠過了整個峽谷，機翼反射著點點陽光，然後爬升並消失了。引擎的轟鳴聲逐漸減弱，變成了低沉的嗡嗡聲，最終重歸寂靜。那是他生平第一次看見飛機，而且是如此近距離地觀察到。

　　儘管這個場景只持續了一小會兒，卻引起了他極大的興奮。他趕著小母牛，沿著來時的長路回家，一路上興高采烈。他思考著，人生是如何贈予了他這樣一份意想不到的獎賞，這樣一份未曾想像的禮物！他突然意識到：「一個人永遠不知道接下來會出現什麼，它每時每刻都會給我們驚喜。誰知道下次會出現怎樣的奇蹟？」

　　與學生分享完這個故事後，他轉向他們說：「那一刻讓我明白了，你永遠想不到人生會給你帶來什麼。10歲時，你不知道10～20歲之間的人生帶給你什麼樣的驚喜或禮物；20歲時，你不知道20～30歲會發生些什麼；

30歲時，你不知道30～40歲的人生有怎樣的可能......之後也是一樣的！只有意識到未來是未知的，才能享有鮮活的人生！」

如果你想做他人的教練，首先請評估一下自己對當前生活的滿意度吧。想一想我們每個人是如何找到自己的人生道路，並年復一年沿著它前進的。這真是件奇妙的事。但並非所有人都能如願以償地享受到富有激情、寫滿成就、充滿意義的人生。在你的教練生涯中，抽點時間做些有意義的自我評估吧。請捫心自問：「我的人生道路能給我帶來什麼樣的滿足感、成就感和回報？我每天能揭開多少人生的未知篇章？」

我們很多人都有自己的標準日程和生活模式。你的日程和模式是什麼樣的？或許你過著早起、喝咖啡、吃早飯、做晨練、換正裝、上班、開會、寫報告的生活，薪水夠你付帳單，還能偶爾犒勞一下自己；或許你會按丈夫或孩子的排程自己的生活，完全為了他人而活；或許你有充足的自由時間，卻無心投入、缺乏激情，甚至沒有好好活著。你是否每時每刻都有內心的覺醒和再度覺醒？你是否真正表達出了心中的想法，還是恰好相反，生活模式一成不變，你的思想、內心和雙手都受日程表的支配，讓你感到疲憊而又空虛？你是否為了當下的生活而四處奔波，甚至沒有時間思索有意義的充實的人生對你來說意味著什麼？你是否找到了一條安逸但空虛的人生道路？換句話說，你是否在有意識地過著每一天？

你對每時每刻的自己有多高的評價？你每天展現了多少能量？你是否做著真正的自己？你有沒有意識到那些有意識或無意識間引導你思維和行動的信念和價值觀？你是否清楚它們對你有怎樣的影響？如果人生是一場遊戲，目前你玩得如何？你是否有一個充滿激情的目標，或是聽從了某種召喚？

　　每個人都在生命中的不同時刻體驗過某個強大的目標的影響力。或許你還記得，小時候玩遊戲或者參加體育活動時，自己擁有怎樣的激情；或許你還記得，當你癡迷於彈奏樂器或者學習手藝的時候，自己是怎樣全身心投入的。以我自己為例，我十幾歲的時候曾一度迷戀鋼琴，嘗試過各種風格的音樂。儘管我以前聽過莫札特的作品，但直到某一天我認真地聽了某部奏鳴曲，才真正聽懂了莫札特。我熱情高漲，翻遍了家裡所有的唱片，挑出莫札特的專輯。聽莫札特的音樂讓我意識到，我可以暢遊在他的作品之中，跟隨他的創作思路，捕捉那般豐富的內心感受。聲音的交織是如此純粹、精緻、閃耀，讓我心神蕩漾，令我對音樂的整個品味都發生了變化──以前我一直更喜歡搖滾樂那種原始的聲音。如今，我卻能在其他許多作曲家創作的世界裡讓想像自由翱翔，從心底享受這種構建和完成某個音樂主題的過程。我對音樂更加熱愛，而這種熱愛伴隨了我的一生。

　　在職業中找到一個振奮人心的目標，和在音樂裡找到激情沒有什麼不同。我們要看到未來人生的無限可能性。職業目標未必從一開始就是自發產生的，甚至很可能是完全從他人那裡借鑑來的。然而，當我們追求它，並為之全力以赴的時候，它就獲得了生命力，真正成了我們自己的目標。如果我們把工作當作一門必須掌握的手藝，充滿創造力地去追求它，通過精巧美妙的方式巧妙地完成它，它就會賦予我們純真和美好，人生也會在不同方面得到進一步拓展。這樣一來，我們的人生就會變得充滿意義。

　　你是否經常專注於成為自己想成為的人，做自己真正想做的事，達到自己預料之中的結果？你是否在日常生活中時時處處表現得表裡如一？你是否以自己的方式充分享受你的人生？你是否能以自己和他人的最高價值

為標準，果斷專注地作出選擇？你是否無論身處何地、面對何事，都能完全利用並享受每一刻？無論你的生活看起來怎樣，這些問題的答案可以告訴你，在這場人生的遊戲裡你到底有多強。反過來，這也會影響你作為轉化式溝通者能給他人帶來多大的幫助。

真正的轉化式對話

　　轉化式對話是你幫助自己和他人獲得緊密聯繫與明確目標的手段，其核心是充分回應人生中不可思議的機遇和希望，從而獲得更多、擁有更多、付出更多。在人生的關鍵時刻，有意義的刺激性對話會讓一切變得不同。當今世界如此包容又有眾多機會，足以造就偉業。然而與此同時，它也有如此強大的技術和威力，足以毀滅自己和他人。因此，轉化式對話就顯得尤為重要。

　　通過轉化式對話，我們可以擴展人生的範圍，展現真實的內在世界，同時給他人同樣的幫助。關鍵時刻的轉化式對話需要我們觀察自己的生活模式，尤其是自己習以為常的想法，因為這些模式和想法會自覺地阻礙我們追求內心的最高真理。

如何玩轉大師的遊戲？

什麼是大師的技能？大師的技能不是你某天就能得到的東西。它是一種存在的狀態，一種充分與自己的思考和反應方式相連、實現身心合一的狀態。

在此我想引用羅伯特・S.德洛浦（Robert S.Deropp）20世紀70年代出版的《大師遊戲》中的精彩段落，幫助我們進行思考：

首先，正如古代賢人的建議那樣，你要先找到一個值得玩的遊戲。找到之後，就全身心投入地去玩，就像你的生命和心智都靠這個遊戲存在一樣。你可以效仿法國存在主義者，在玩的時候高懸一面旗幟，上書「投入」兩個大字。

什麼都沒有，就代表什麼都有可能。儘管你覺得所有路上都寫著「前方無出口」，但在前進時，你要努力尋找目標。如果生活沒有給你一個值得玩的遊戲，那麼，請自己找一個值得投入的遊戲。我們很清楚，不管是什麼樣的遊戲，有總比沒有好。

雖然玩大師遊戲很安全，但「安全」並沒有讓這個遊戲流行起來。大師精通的遊戲依然是我們這個社會中最困難、挑戰性最高的遊戲，很少有人會去玩。世人常常被各種光怪陸離的玩意兒吸引，很少去注意自己的內在世界。人們的眼睛都向外看，去觀察外面的世界，很少有人向裡看，去觀察自己的內心。大師遊戲完全是一個內在世界的遊戲，是在內心這個廣闊、複雜、人類知之甚少的領域裡玩的遊戲。大師遊戲的目的是「真正的覺醒」，即充分發掘人的潛能。

能玩這個遊戲的只有一種人。這種人洞悉自己和他人，知道人們通常的意識狀態，即「清醒狀態」不是他們能達到的最高意識狀態。實際上，「清醒狀態」離真正的「覺醒」還差得很遠。不如說，把這種狀態稱為

「夢遊」更恰當，因為這是一種「醒著睡覺」的狀態。

　　只要一個人得出這個結論，他就再也不能睡個安穩覺了。他的內心會燃燒著一種渴望，一種實現真正「覺醒」和「完全意識」的渴望。因為他意識到，自己聽到的、看到的、知道的，只是他可以聽到、看到、知道的一小部分。正如，雖有廣廈千萬間，他卻住在最破舊的一間裡。其實，他可以進入其他的房間。那些美輪美奐的房間裡堆滿珠寶，窗外通向無限和永恆。

　　在玩大師遊戲的少數玩家周圍，彌漫著一種或多或少與大師遊戲相斥的社會文化。有的文化甚至完全否定這個遊戲，認為它是荒唐的，玩這個遊戲的人是瘋子。所以，往往在一個人開始玩大師遊戲之前，周圍的社會文化已經阻止了他去這麼做。

　　玩大師遊戲的人必須全身心地投入，以對抗周圍文化帶來的壓力。而且，玩遊戲的人要盡可能找到一位導師。和導師的其他學生一起學習，他可以獲得更多的鼓勵和幫助。否則，他就會在中途忘記自己的目標，或者走上歧途，迷失自我。

　　說到這裡，讀者應該已經明白了，大師遊戲絕不是一個容易玩的遊戲。它要求一個人投入自己的一切，投入所有的情感、所有的思想、所有的身體和精神能量。如果一個人在玩這個遊戲時漫不經心，或者試圖走捷徑，是絕對不可行的，是有著毀滅自己潛能的風險的。所以，寧可不碰這個遊戲，也不要心不在焉地玩。

　　對大師遊戲的含義，我們每個人都有自己獨特的理解。你可以深入思考上面這段話，揣摩它的含義，捫心自問：「我在自己的大師遊戲上花了多少精力？我玩得如何？」

生活就是一場遊戲。你對遊戲的關注會引導你參與某些活動。這些活動或有趣或無聊，也許讓你滿意，也許讓你不滿。大部分人在年輕時就選定了一個遊戲，然後一生都在玩這個遊戲。這個遊戲常常成為某種催眠式的關注點，成為人們一生的癡迷。我們一生中，很容易會被分散精力的遊戲吸引，比如追逐權力、名利、財富等。這些遊戲引導我們進入了某些生活方式，儘管這些生活方式沒有激發我們最大的能量，但我們從中得到了世俗的滿足。

例如，人們很容易被權力遊戲吸引。玩權力遊戲的目標是防止自己對事物失去控制。權力遊戲令人興奮的地方在於，遊戲者要努力控制一切事物。但這種控制是刻板的，需要付出的代價是我們無法活出鮮活的生命，無法充分具備靈活性。與此相似，追逐名利的遊戲需要人們汲汲營營地生活，事事計算得失。所以，玩的時間越長，名利遊戲的玩家就越不滿足。我們周圍有無數人熱衷於追逐金錢的遊戲。這個遊戲的目的是買到自己目前無法擁有的東西。權力、名利、財富三個遊戲的最大弊端是讓人越來越消極，越來越意識不到自己的核心價值觀、興趣點和獨特天賦。

另外一些人生遊戲會引導你更加接近自我，比如家庭遊戲、創造遊戲、藝術遊戲、哲學遊戲、知識遊戲、奉獻遊戲、協調財富和金融的遊戲等。如果你全身心投入這些遊戲，就能發揮出自己的最佳水準。

要練達地生活，就在於做好關鍵之處，與他人相處時做到友善、保持聯繫和靈活性；無論外部世界發生了什麼，你都能保持內心的平和與幸福。這就需要你注意平衡、確定願景、思考未來、擁有感恩和寬恕的品質，以此來化解人生道路上的矛盾和衝突。要做到練達地生活和掌控自己的意識，就要利用生活賦予的機會，開拓一片嶄新的天地。

對「人」（Hu-man）的解釋

　　想一想「Human」這個單詞，你知道這個詞其實是指「God-man」（神的人）嗎？英文中還有很多以「Hu」為首碼的單詞，比如「Humility」（謙卑）、「Humor」（幽默）、「Humanity」（仁慈）等，這些詞都有巨大的能量。

　　我們來看一下大寫字母「H」，它在「Human」中體現為「Hu-」這個首碼。我們可以發現，這個字母代表「人」。現在，請把「H」寫在一張紙上，試著把這個字母的形狀和人的形體作個比較。

　　從以上這個觀察中，我們可以看到生活充滿朝氣、人性充分發展的人有三個重要特點。

　　首先，「H」代表了與人體相似的穩定性。當你的人性充分發展時，你就會擁有堅定的信念，站姿挺拔，堅定不移。

　　注意，「H」的下半部分就像人的兩條腿。這就意味著，在實現夢想的路上，你的雙腳必須穩穩地踏在大地上，一步一步前進，才能實現你的夢想。如果你的雙腳沒有踏在堅實的土地上，沒有根植在真實世界裡，你就沒有根基。沒有根基，你就會漂泊不定，找不到自己的因果法則，無法體驗生活的真理。如果你雙腳踏在大地上，大地母親就會傳遞給你能量。這樣，即便是在雙腳覺得累的時候，你也可以從大地中得到力量。

　　其次，可以把「H」的橫線看作你的心。這顆心會推動你實現目標和理想，帶領你遇到心愛的人，促使你為社會做出貢獻。「H」缺少了中間的橫線，就像生活中沒有了目標、理想、愛人，沒有了為他人奉獻的精神。這樣的生活將是蒼白的，甚至是毫無意義的。目標為你指示生活的方向，引導你朝自己的目標和理想努力；理想引領你不斷成長，充分發展你的自然本性；愛情、親情和友情豐富了你的生活，加深了你生活的深度；

愛人、家人和朋友會幫助你，與你親密交談，激勵你前進，讓你對人、對事、對人生有全新的看法。

當你給予他人支援或者接受他人支援時，當你為他人服務時，當你朝著符合核心價值觀的願景而努力時，中間這條橫線和地平線就會形成兩條平行線。海倫・凱勒（Helen Keller）曾經說過：「生活是件令人振奮的事情，尤其是為他人而活的時候。」

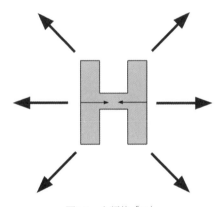

圖1-1　人類的「H」

最後，如圖1-1所示，字母「H」的頂部多像兩隻手臂。它們向上向外伸展，伸向無限的可能，伸向更深邃的涵義。當你喚醒內心，仰起頭顱，睜開雙眼，開啟夢想，你在生活中就會變得更加壯志昂揚。

這種姿態會喚醒你的核心價值，而核心價值是與你的願景、目標和使命緊密相連的。當你張開雙臂、迎接新機會、接觸新想法的時候，生命的意義就在召喚你。這種召喚將迎來美滿的人生，點亮我們對願景的渴盼。我們生來就能感覺到這種召喚，無論我們能否理解，它都和我們生活的旋

律所契合。

即便如此，有些人還是無視生命的召喚，因為他們認為：

- 他們沒有適合這種旅行的「鞋子」，所以不得不在上路前先找一雙完美的鞋子；
- 「現在不是開始這次旅程的合適時候。」不過，他們在過去的兩年、三年、四年、五年，甚至更早的時候也這麼說過；
- 他們需要他人的許可才能踏上這次旅程，但沒有找到能給出這種許可的人。

如果你感到生命的意義在召喚你，你要做的就是邁開腳步，朝著召喚的方向出發。在迎著召喚邁開腳步時，你就和最真實的現實建立了聯繫。

當你決定為自己的目標而活，決心追尋自己真正想要的東西時，奇妙的事情就發生了。你開始相信，宇宙是站在你這邊的。抱著這種信念，你會相信一切皆有可能。張開雙臂，去觸及無限可能吧。這不是為了追尋世俗的成功、名利或財富，而是為了分享非凡的天賜之福，它會啟發你超越自己、讓他人活出真正的自己。開始這段旅程時，我們會感到由衷的滿足。我們會發現，這才是真正開始瞭解自己，而這會把生活提升到一個全新的層次。

在你挺拔地站立，與大地母親相聯繫，張開雙臂追尋你的目標，與愛人和家人相處融洽，打開思想之門後，你會變得更善於表達，更有創造和溝通的能力。你會發現，自己的生活充滿了活力。當你把這種覺醒的狀態帶入與自己和他人的重要對話中時，你就會不斷成長。有時候，你甚至沒

有意識到自己在成長，也不知道這是什麼樣的成長。如此一來，你才是作為一個人在鮮活地生活。

作為一名教練，要進行轉化式對話，自己首先就要擁有「H」形的堅實基礎。這樣，你才能為自己和他人傳遞價值。隨著逐步學習和整合轉化式對話，你會看到，轉化式對話符合每個人內心對改變的渴求，轉化式對話的技能是最有效溝通模式的靈魂所在。

當你運用從本書中學到的變革式教練技能與人溝通時，你就是在自然而然地幫助他人成長。當你幫助交談物件尋找內心的方向，同時深入內心尋找對話對自己的意義時，你就提供了一些意義非凡的東西。

通過重新定義對自己、對生活、對周圍人的看法，你會發現，這裡面有著更深的意義。這將引導你與自己和他人進行更深入的對話，也將引領你進入豐富多彩的高品質的生活。

總結一下，「H」提出了人性充分發展的三個方面：
(1)向上伸展，伸向無限的可能性，認識到在自己和他人身上有無限潛能。
(2)具有方向感地生活，與愛人和家人溝通，幫助他人。
(3)腳踏實地，積極行動。

通過實踐教練的藝術與科學，通過幫助交談物件、客戶、孩子、朋友和同事，採用轉化式對話溝通的人，會將提升自己和幫助他人合二為一，令你成為無比鮮活的人。

整合伸展練習

　　當我們定義思維空間時，深層認知思維就會以多種高效方式運作。為了達到這個練習的目的，你投入思維的空間將是自己所站之處。站起來，投入當下這一刻。

　　當你站著的時候，注意自己與地面的聯繫，注意你的雙腳是穿過地面與大地母親聯繫在一起的，請感受那種緊密而堅固的聯繫。想像你腳下長出樹根，它們向下，向下，再向下，與大地母親聯繫起來，成為你穩定的能量來源。

　　當這些樹根延伸到大地中心時，你開始感到能量通過樹根傳到雙腳、雙腿，給身體注入活力。能量自然流遍你的全身，更新你的每個細胞、每條肌腱、每根骨頭、每塊肌肉、每個器官。你感覺到能量在增長，感覺到身體周圍有一圈特別的光暈。

　　與自己的心連接，向旁邊伸出手，將右臂向右伸展，想像你的右臂指向你和周圍人的關係。盡可能伸展你的右手，想像用手觸摸到了你和家人、朋友、合作者關係的核心，想像他們就在附近，感受這種連接帶來的愛與愉悅。

　　伸出手去，為他人奉獻。大地母親帶給你能量，通過你滋養他人。現在放鬆右臂，雙手放回身體兩邊，將意識收回，清除腦海中對人際關係的困惑。想像人際關係脈絡變得清晰，溝通毫無阻礙，感受困惑清除後的美好。傾聽腦海中閃現的聲音，它們在告訴你，排除這些困惑後的感覺是多麼美好。

　　現在，將左臂向左伸展，想像左手指向你的目標和理想。感覺你自己在伸展。然後想像你可以觸摸到你的目標和理想，想像你現在就在實現它們。感受觸及目標和理想時的歡樂。當你伸出手臂觸摸目標和理想時，感

受大地母親在為你提供能量。你的手在為世界做出奉獻，感受一下這種美好的感覺。

現在放鬆左臂，雙手放回身體兩邊，將意識收回。在這個過程中，關注幾個明確的目標，讓它們在你的頭腦中變得更加清晰。注意觀察，在追求這些目標時，你是怎樣的人；實現目標之後，你又將成為什麼樣的人。將這些問題釐清時，體驗那感覺是多麼美好。傾聽腦海中閃現的聲音，它在告訴你，重新審視這些目標的感覺是多麼美好。

現在，將雙手向上伸出，伸向天空，感覺大地母親傳輸給你的能量也在向上延伸。伸展的時候，感受你和大地母親的聯繫，感受探索理想和目標的深遠意義、探索與親戚朋友的深層關係，感受探索自己身體的美妙感覺。深入感知你的身體、人際關係、理想／目標，這三者與生命更深層的聯繫。感受大地母親的能量通過你，與這個更深層的意義相連接。當你伸展雙手時，感覺你與大地母親、與生命更深層意義的聯繫是如此強大、如此真實。

現在放鬆一下，放鬆手臂。你的內心深刻認識了一點——你是人類（Hu-man），你是「神的人」（God-man），你是重要的。你就是你，你與大地、與周圍人的聯繫一直存在。釋放對生命深層意義的所有困惑，堅信生命的意義就在那裡，堅信你會找到它。

運用本書列出的強大流程，探索並實踐我們將向你展示的每一項技能，你將發現自己的改變和提升。你會發現自己工作的深層意義，人際關係的深層意義，以及自己身體的深層意義和與世間萬物緊密相連的深層意義。

第二章

大腦及其工作原理

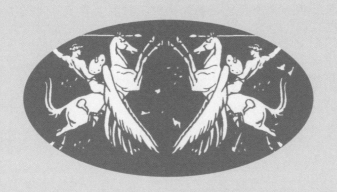

事情不是看上去的樣子，
也不是別的樣子。
　　　──一座佛教寺院廚房牆上的警示

境由心生。

　　　　　　　　──佛陀

米爾頓・埃里克森和
逃跑的馬

米爾頓・埃里克森常給學生們講他和弟弟妹妹在明尼蘇達州農場生活的故事。

一天下午，米爾頓和其他孩子們在農場穀倉院裡玩。他們看到一匹從沒見過的馬——一匹紅色、充滿活力的高頭大馬，沿著大路一路小跑過來。它跑過孩子們的身邊，停在水槽旁，開始喝水。

孩子們很害怕。米爾頓是這些孩子裡年紀最大的，他決定作一次勇敢的嘗試。他悄悄地爬到水槽上面，然後小心翼翼地爬上馬背。他爬上馬背時，馬警覺了一下，但繼續喝起了水。

馬喝完水後，米爾頓揪住馬厚厚的紅鬃毛，用膝蓋頂頂馬，催促它上路。那匹馬聽從米爾頓的號令，跑回了大路上。馬跑了一段，在一個分岔口猶豫了一下。米爾頓沒有催促它，耐心地等待著。最後，馬選擇了一個方向。米爾頓又用膝蓋頂頂它，催促它向前快跑。

四個小時後，米爾頓發現自己來到了山谷裡一個完全陌生的地方。一個皮膚黝黑的農民放下手頭的活兒，抬頭看到米爾頓沿著大路騎馬跑過來。他高興地大喊道：「我的馬回來啦！」他問米爾頓：「你怎麼知道把馬帶到這裡來呢？」

米爾頓回答：「我不認得路，但是馬認得。我只是讓它把專注力放在趕路上。」

講完這個故事，米爾頓會告訴學生：「你想要的任何目標都可以這樣實現。」

　　指導米爾頓工作的基本觀點之一很簡單，那就是相信「人們已經擁有了獲得成功所需的所有內在資源」。米爾頓的意願是把馬送回家，他把注意力放在馬的每個動作上，相信這匹馬知道回家的方向。他相信馬的智慧，相信這種方法有效，自己只需指導馬保持正確路線就行。

　　瞭解大腦運作的基本原理，對提升自己和幫助他人都大有益處。如果你學會了識別什麼是有效（和無效）的大腦習慣，在與他人交流時，你就能識別他們的大腦習慣。你還會發現自己更有同情心、更有耐心、更能幫助他人跨越情緒障礙、更能夠有效地實現目標。此外，大腦運作模式的基本原理還有助於你發現自己和他人的更高意願，促進內在成長，在現實世界中得到更多收穫。

　　下文的描述是比喻性的，是對大腦運作模式基本原理的高度概括。大腦研究專家會告訴你，大腦行為領域的各個部分都極其複雜。然而，本章描述的控制點和思維系統很有用，能用於描述現實中的思維和感覺問題，以及大腦—思維習慣的歷史背景和發展過程。我們的描述是簡化的，但它涵蓋了人類的種種行為模式，即主人公充滿力量或處於困境時的行為模式。

　　瞭解我們的大腦，有助於提升我們幫助自己和他人的能力。人類有三層大腦，它們功能各異，一層包裹一層。隨著我們日益成熟，我們會在這三層大腦之上構建思維系統。這個系統（如圖2-1）包括：

・本能腦（爬蟲腦）。
・情緒腦（邊緣系統）。
・大腦皮層（新皮質）。

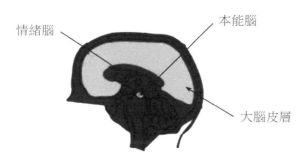

圖2-1　三層大腦系統

　　我們還有第四個系統，稱為「整合系統」。當我們有意識地朝著一個重要的目標努力，要整合上述三層大腦時，整合系統就會發揮作用。

　　在這一章裡，我們會介紹關於大腦—思維系統的研究結果、每一層大腦的特性，以及三腦是如何協作的。隨後我們將與你分享，如何幫助他人運用全部心智去得到他們想要的東西，以及為什麼要謹慎對待自己的思想。

本能腦

　　本能腦位於大腦的最裡層，是最古老的一層大腦。它是我們和其他動物共有的大腦結構。無論是地球上最古老的爬行動物，還是直立行走的人類，都擁有本能腦。本能腦，也稱爬蟲腦，已經進化了超過1億年。這個小小的腦幹突出部分位於脊柱頂端，它的主要功能是保證身體的安全。因此，當你感到恐懼時，本能腦就會被啟動，自動作出戰鬥、逃跑或靜止的反應。

　　當我們需要迅速反應時，本能腦非常有用。本能腦的功能和天賦讓我們能迅速對刺激作出反應。當我們的生命或軀體遇到危險時，這種反應的速度非常快，有時甚至比意識還快。比如，當你的手伸向火爐時，在你的意識發現火爐是燙的之前，本能腦已經指示你把手迅速抽回來了。又比如，當你不小心把手伸向水壺噴出的蒸汽時，在你意識到之前，你已經把手抽回來，保護好自己了。

　　儘管本能腦負責迅速反應以保證身體安全，但它有時候也會犯錯誤，會混淆假想的威脅和現實的危險。當假想或真實的危險刺激本能腦時，本能腦都會迅速奪取身體的控制權，同時作出戰鬥、逃跑或靜止的動作，來保證身體的安全。這種反應有時是有效的，也值得肯定，但有些情況下則是無效的，甚至會阻礙你獲得想要的東西。

　　早在恐龍時代，本能腦的功能就已經十分完善。儘管本能腦已經進化了很長時間，能很好地保障我們的身體安全，但它只有確認了身體沒有危險，才會允許做出某些重大改變，而這往往會阻礙重大改變的發生。比如，一位退伍多年的老兵在街上忽然聽到汽車回火的聲音時，他的大腦會像聽到槍聲一樣做出反應。他會回到自己在戰爭中學到的「戰鬥或逃跑」的反應模式，本能腦會衝出來保護身體。在這個老兵意識到「沒事，我現

在回家了，這不過是汽車回火」之前，他已經把自己隱藏起來了。

　　請花幾分鐘回憶一下自己的生活，回想某一時刻。那時，你做出了一個反應，然後意識到你是反應過度了。當你回想這件事時，你可能覺得羞恥或尷尬。事實上，你沒有出問題。那一刻發生的事情是，你的本能腦以一種無效的方式掌控了你的思維。好消息是，你可以學會如何更高效地利用你的整個大腦，讓這種情況在將來不會輕易發生。

情緒腦

　　第二層大腦是大腦邊緣系統，人們常常稱之為情緒腦。它代表了我們大腦系統的下一個發展水準。

　　所有的哺乳動物都有情緒，能把愛、憤怒、害怕等情緒帶到行動中去。情緒腦（邊緣系統）給哺乳動物帶來了情緒化的生活。

　　在恐龍時代後期，至少5000萬年以前，基本的哺乳動物的情緒腦開始發展。它像一個小手套一樣包裹著大腦的頂部。所有的高等動物，比如貓、狗和人類進化上的近親大象，它們的大腦有98%與人類大腦的結構和功能相同。這個現象或許可以解釋，至少在某種程度上可以解釋，為什麼我們那麼喜歡寵物。因為，我們至少有一部分大腦是相同的！

　　本能腦和情緒腦有很長的協同合作史，它們已經發展到可以密切配合的程度。兩者共同連接身體意識和情緒意識，提供了主動記憶和當下意識。你的情緒腦會把過去學到的東西與當下體會到的東西結合起來，但不會想到將來和長遠的結果。

　　情緒腦特徵之一是，其反思記憶的方式是由內而外的。換句話說，它會投入所有的記憶，就像那些事情正在重演了一樣。當你投入某個記憶時，你就踏進了過去的某個時刻，重新體會當時的感覺，重新經歷那個事件，就像往事重演一樣。作為一名轉化式溝通者，理解這一點非常關鍵：投入式記憶（associated memories）就像重新經歷過去的事，並伴隨著那一刻的強烈情緒。

　　情緒腦特徵之二是它喜歡讓事物維持原樣。它的作用是創造一個維持長久習慣的強烈意願。當你感到對變化的抵制時，就是情緒腦在控制你的思想。所以，當你設想的東西不能完成，如吃著你曾發誓要遠離的點心，或者又一次對你的孩子大吼時，你不是有毛病，只不過是陷入了原有的情

緒模式罷了。

　　情緒腦也與口頭交流的發展有關係。所有哺乳動物都表現出了交流情緒的能力。在某種情況下，它們還會有意識地運用不同的音調。你可能注意到了，還聽不懂人話的嬰兒會對音調的變化作出很好的反應。狗可以發出很多種聲音，以此來表達不同的意思。如果你學會了認真傾聽，你就能通過狗發出的聲音分辨出它在「說」什麼。回想一下狗不同的叫聲，有的可能意味著「注意！外面有人！」，有的則可能意味著「現在到遊戲時間了，扔個球吧！」。當狗媽媽把家從一個位置挪到另一個位置時，幼犬會用與眾不同的叫聲吸引母親的注意。這樣，每一隻幼犬都不會被母親丟下。當你和成年狗分別站在門裡和門外時，它想要吸引門另一邊的你的注意，也會用這種與眾不同的叫聲：「嘿，我在這裡！不要忘了我！」你知道熊會用很多種吼叫聲來和它們的孩子交流嗎？小熊能立刻識別並遵守這些訊息，比如：待在身邊、快跑、跳到河裡或爬上樹。你有沒有想過，當一隻貓在咪咪叫、低吼、喵喵叫或嘶嘶叫的時候，它想要說些什麼？

　　情緒腦特徵之三是，它考慮問題的方式是「是」或「否」，「對」或「錯」，「這個」或「那個」，沒有灰色地帶或陰影地帶。黑就是黑，白就是白，黑白之間沒有灰色地帶。人們在恐懼中思考的時候，你很容易觀察到情緒腦這種非黑即白的反應方式。與此相似的是，可能有一些你認識的人，他們的基本生活方式就是把事物分成黑或白、好或壞、是或否、對或錯，完全沒有折中的餘地。

　　情緒腦的基本功能和本能腦類似，也是在緊急情況下作出反應。情緒腦最關注的是群體、家庭或部落的生存。由於這個原因，當一個人與組織成員共同朝著整體的幸福努力時，情緒腦的作用會發揮到最好。

　　在一個人發生重大變化前，情緒腦必須確認群體是安全的。理解這一點很重要。即使在當今社會，也有一些次文化群體把群體外的任何人都視為敵人。在一個較小的範圍裡，你是否遇到過非常堅持自己觀點的人？這種狂熱人士在很大程度上是被他們的情緒腦控制了。

　　當你做自己或他人的教練時，很重要的一點就是把情緒腦和本能腦在進化中形成的強大協作關係銘記在心。當它們感覺受威脅時，這些有強大聯繫的大腦系統就會接管身體的實際控制權。對本能腦來說，這種威脅是身體上的；而對情緒腦來說，這可能是一種情緒上的威脅，比如失戀、對未知的恐懼、對群體的威脅，或者僅僅是生活裡的一個變化。

　　你是否有一件想去做的事，最後卻沒有付諸行動？你可能下定決心要減肥，在鍛煉身體的同時制訂了一個特別的節食食譜，還買了新的食物。但到了吃飯的時候，你卻無意間發現自己習慣性地開車來到了一家速食店，點了炸薯條、乳酪漢堡、巧克力奶昔等高脂肪、高卡路里、低營養的食物，而不是在家裡做一頓健康的飯菜！這是你的情緒腦在抵制改變。作為一個習慣性的系統，情緒腦關注的是此情此景，關注的是當下和當下的慾望。這個強大的系統與投入式記憶相關，共同阻止了轉化式的改變。

　　應該如何克服情緒腦的慣性，獲得生活中自己想要的東西呢？你要學會充分運用大腦皮層的力量。

大腦皮層

　　為了聚焦未來，完成計畫，實現目標，你需要運用大腦皮層中的左腦或右腦系統的視覺想像能力。這個視覺大腦系統出現在距今200萬到250萬年前。與本能腦和情緒腦相比，大腦皮層相當年輕。大腦皮層掌控著大腦絕大部分的智力，擁有16萬億相關聯的神經元。憑藉它的速度和處理能力，你的大腦比只靠慣性情緒支配的大腦靈活1000倍。所有這些靈活性和能力使我們能夠適應視覺投射（visual projection）和視覺推理（visual logic）。

　　視覺化的大腦皮層的一個重要優勢就是視覺規劃和系統觀察，或者說是全域觀。大腦皮層的前額葉尺寸巨大、結構複雜，所以它可以用作未來規劃。例如，描繪藍圖，比較和捨棄規劃的草案，直到敲定最終計畫。這要求大腦非同一般的視覺化能力。

　　與情緒腦投入過去的記憶不同，大腦皮層通過分離的圖景來思考。它會將一個事件中的圖片組合起來，在自己腦子裡放電影，就像這件事是發生在他人身上一樣。當記憶事件以分離的方式呈現時，涉及情緒的部分就會大大減弱。在我們看來，這不是真實的。因此，我們可以想像並考慮很多種方式，以便做出最佳選擇。這就像我們在看電影一樣，我們是自己生活的導演！

　　當你用大腦皮層回憶過去的事情時，本能腦和情緒腦會產生身臨其境的感覺，其程度取決於你的大腦皮層如何想像這個事件。投入式的回憶（重新經歷那個時刻）比分離式的記憶（置身事外看待那個時刻）更能促使情緒腦喚起身體反應，這是因為情緒腦會對投入式的圖像產生反應，它經常能讓我們重新體驗過去的事件。另一方面，大腦皮層則只會讓我們重新審視這一事件。

　　此外，大腦皮層是極具合作性的大腦組成部分。它會把戰略路徑視覺化，從而解決團隊中最重要的問題。比如，原始人類為了更大的家族利益開始試著一起工作。花些時間想像一下這個場景：為了給部落提供充足的過冬食物，獵人們必須協同合作。那麼他們應該怎樣實現這個共同目標呢？最有效率的獵人是那些能制訂出各種計畫、用最少的努力獲得最多食物的人。假設你是一個獵人團隊的領導者，你發現前方有一群鹿，你可能設想不同的策略，討論多種想法，比如「我們是把鹿群趕到懸崖上」，還是「把它們圍困在峽谷裡」，還是「把鹿群趕向另一波埋伏著的獵人」。你甚至可能詢問其他人：「你認為哪個方法最有效？」假設你發現自己面對一頭野牛，而你手裡只有一把斧頭，你能想出多少種方法讓自己活下來，並把最多的肉帶回家？那些能最大化利用大腦皮層視覺化能力的人活得更久，也更健康。

　　大腦皮層的前額葉賦予了你一種能力，讓你在參與某項活動前能先在頭腦中排練。這種技術被廣泛應用於提升音樂家和運動員的技能。格倫・古爾德（Glenn Gould）是加拿大著名的鋼琴家和藝術大師，其特點之一是，在演奏巴赫的樂曲之前，會獨自在心裡排練，而不是實際演奏這首樂曲。當你通過分離的片段在頭腦裡排練一個特定任務時，你身體裡與這項技能有關的神經通路就會開始運作。精神排練（mental rehearsal）也會引起實際演練所需肌肉的小幅度運動，從而使你的技藝更加純熟，使你的身體習慣這種表演。這就是身心聯合的力量。這種力量通過借助你的內心，創造你的現實。就像你以前可能聽說過的一樣，所有的事都是先發生在腦子裡，然後再發生在現實中。

　　儘管大腦皮層很大、很有力、很靈活，能幫助你規劃和實現最有效率

的計畫,但它在進化上僅僅存在了200萬到250萬年。在某種程度上,這意味著大腦皮層不過是街區裡的新孩子。大腦皮層與情緒腦和本能腦只有部分的結合,但後兩者在數百萬年的進化過程中已經建立了彼此協調的交互功能。

語言系統的發展

你是否知道，語言的發展史至今不過20萬年，而複雜的語言在距今5萬年前才開始形成？

大腦皮層與語言系統的發展有關。正如情緒腦負責多種音調的情緒反應，大腦皮層則為結合左右腦全部功能的複雜認知結構提供了可能。

與其他大腦功能相比，語言是一項新興的發展。這意味著，語言只能表現出我們大腦驚人想像力中很有限的一部分。語言只能為我們大腦理想的東西提供一個簡略的描述。當我們描述深層的思考和感受時，語言就變得相當笨拙了。我們的聲音跟不上大腦，交流的速度跟不上大腦中事情發生的速度。我們無法意識到某一特定時刻三層大腦裡發生和考慮的所有事。

視覺化的力量：
大腦之旅

　　請把「視覺化」看作提升觀察每個大腦系統內在能力的一種方式。語言已經成為構建我們大腦視覺化的一部分。大腦皮層通常以視覺化的方式工作，其中還涉及聽覺，比如與視覺化有關的聲音。同時，情緒腦會帶入味覺和嗅覺的記憶，以及與這種記憶相配合的肢體感覺。大腦通過這種方式來提醒你重要的事情。

　　為了加深對大腦以及工作原理的認識，我們將帶你對三層大腦作一次視覺化的旅行，從大腦的角度想像它們是如何運作的。如果你想加深視覺化的影響，可以讓他人把下面的部分讀給你聽。你可以放鬆下來，運用潛意識（下一章將作深入討論），以便獲得更深的體會。

本能腦之旅

　　深深吸氣，然後緩慢呼出。再次深吸氣。想像自己就是本能腦/爬蟲腦。這部分大腦位於腦幹的頂端，深藏在你的顱骨中。想像你是自己身體的神經意識中心。你可以把它想像成一個控制台，各種各樣的信號一起湧入，而你是檢測員，觀察著這些信號，提防所有可能出現的危險。

　　想像在生活中的某一時刻，那些信號連續不斷地快速湧入，隨著身體的每一次顫動和每一個動作而變化。作為檢測員，當你動動手肘，感到以前打網球受傷處產生刺痛，你就能看到信號的變化。當你砸到自己的腳趾時，你也會看到信號變化、聽到警報作響——噢！控制台上的燈在閃，警報在響。在那一瞬間，你需要作個決定：這是否危險？不，這不過是砸到了自己腳趾罷了。即使腳趾繼續給控制台發送「疼！疼！疼！」的訊息，你作為檢測員也只能說：「好的，我聽到你說的了，我知道你疼，沒關係的。」你關閉了警報，安下心來重新觀測連續不斷的信號流，尋找可能意味著危險的信號。空閒一段時間之後，你可能覺得無聊，想放鬆注意力，但是你不能這麼做。你仍然要堅持查看控制台，觀測所有的信號，保持警惕，保持意識，隨時準備行動。

　　忽然，事情發生了。刺耳的聲音響起！因為你摸到了滾燙的咖啡壺，你的手發送了一個信號：「哦，它好燙！燙！燙！」警報響起，你依據以往經驗建立的神經通路和警覺狀態迅速作出了反應。在眼睛看到之前，你已經按下了按鈕，讓手迅速收回，離開了熱源。呵！你幹得很好，你又一次保護了自己的身體，使之免於受傷。

　　你的警覺可能比意識提醒的速度更快。當意識終於趕上來時，你的身體才會說：「哇！好燙！」這時，你已經回到了正常的高度警覺狀態，知道意識已經感覺到了危險。你繼續注意控制台，觀測從每條神經和每個感

知部位傳來的訊息。上百萬條訊息流過你的控制台，只有你一個人負責處理。

　　如果你已經全身心投入這個視覺化場景，現在，請花一點時間讓自己回到現實，回到你對周圍的感知。

　　把自己想像成本能腦是不是很神奇？現在，你已經體驗過了，它感覺如何，聽上去如何，看上去如何？關於本能腦如何工作的知識，已經成了你深層意識的一部分。由於對它的認識已經超越了紙上的簡單文字，你就可以在意識層面上感知到它的存在。

情緒腦之旅

　　讓我們推進到情緒腦。做幾個深呼吸，想像你是像手套一樣包裹在本能腦上的情緒腦。想像一下，作為一個腦，包裹著另一個更小的腦是什麼感覺。想像一下，總是關注自己的家庭是什麼感覺。

　　總是以黑或白、對家庭有害或無害這類選項來看待事物，是什麼感覺？你作的每一個決定都要先經過過濾器：「這樣對我的家庭有好處嗎？有還是沒有？」想像一下，你身體的感覺都被組織好，打包好，由本能腦以感覺的形式傳送給你的情緒腦。你不需要照看神經控制台，因為本能腦在做這件事。你要負責觀測和發展身體的情緒，並感覺憤怒、愛、暴怒、歡樂等身體的感受。

　　你一直與本能腦密切聯繫著。你們一起工作了很長時間，對彼此都很瞭解。你也很喜歡自己瞭解到的絕大部分東西。小時候，你喜歡媽媽做的食物。你很熟悉那些食物的味道，那幾乎就是家的味道。家是很重要的。任何熟悉的事物對你來說都很重要，都值得特別關注，它們遭遇危險時都值得保護。這些事物包括你熟悉的舉動、你一直在做的事，或者你已經開始享受的東西。

　　每個決定都必須經過以下過濾器：「這對我的家庭有好處嗎？這會不會威脅到我熟悉的東西？」如果它對家庭沒有好處，或者會破壞你熟悉的東西，你就會拒絕，不管這件事有多偉大，或者別人告訴你它能節省多少工作和時間。那些都不重要，我熟悉的事物，或者我家庭的一部分，都必須維持原樣。就算有人說「這些牛羊肉對你身體有害」，這句話也會經過過濾器。如果你一直都吃牛羊肉，而它是你熟悉的事物，你就不會改變你的習慣。

　　當情緒腦作出決定時，這個決定建立在家庭或熟悉事物的基礎上。這

是因為你沒有意識到過濾器存在。此外，它是一個意識系統，就像本能腦一樣。它只關注現在，現在，現在。即使是過去熟悉的記憶，也成了另一種形式的現在。

　　你一直在關注：會不會有什麼東西威脅到你的情緒？會不會有什麼行為或外在力量在威脅你的感覺和安全感？會不會有什麼東西影響你對家庭的歸屬感，破壞你熟悉的感覺？每個潛在的互動行為都會經歷這個過濾器。想像在你面前有一個大過濾器，就像一張大濾網，只有那些經過了過濾的東西，你才會接受。過濾的內容包括：它對家庭有好處嗎？它是我熟悉的嗎？我對它的感覺如何？

　　現在收回你的意識，感覺你周圍的環境，感覺此時此刻。這是一次很棒的旅行，不是嗎？你現在已經利用自己本能的理解力，在更深的層次上理解了情緒腦的工作原理。

大腦皮層之旅

　　現在來看看大腦皮層。它對大腦來說是個大概念。想像你是一層又一層灰色脂肪組成的折皺物質，你自己本身也形成折皺，塞滿整個顱骨。在這裡，你擁有極大的視覺化能力。你能在折皺中自由穿梭，能瞬間到達某一地點。想像著你像愛因斯坦一樣，乘著一束光，以光速到達宇宙的每個角落。想像你是一個鐘錶，用你的指標和滴答聲指示時間的流逝。想像你乘船遊覽加勒比海，或是在尼泊爾攀登高山。你更喜歡哪一個？你的大腦皮層會向情緒腦發問：「你覺得加勒比海之旅怎樣？」情緒腦會做出一種情緒回應。這種回應或許關乎蜘蛛、溫暖的海水，或許關乎其他方面。這完全建立在情緒腦與安全和熟悉有關的經驗基礎之上。你幾乎不會意識到這整個過程。

　　想像你面前有一堆熾熱的煤炭。假設你決定像別人正在做的一樣，赤腳走過這堆熾熱的煤炭。正當你決定行動的時候，你的情緒腦會用它的恐懼壓倒你的想法。它會大叫：「別人做不做和我沒關係，這樣肯定會疼！我怕！」或者你的本能腦會說：「不能這樣做！你會被燒傷的！」在這種情況下，即便你強迫身體踏上熾熱的煤炭，身體也不會這樣做。只有你的三腦達成一致意見時，你才能行動，安全地行動。這就是三腦合作的力量。現在，感受一下你整個大腦協同工作的感覺。你每時每刻都在運用你的整個大腦，這是你生活的內在靈活性。

　　想像一下，如果你的三腦能保持密切配合、協同合作，你會有多大的力量去堅持節食、賺更多的錢或獲取你在生活中想要的其他東西。本能腦為你指出保持身體安全的方法，情緒腦給你提供情緒上的幫助，大腦皮層則為你規劃願景。

　　三腦達成一致時，成功就唾手可得。沒有三腦的協同配合，成功就極

為困難。想像一下，如果三腦為了奪取身體控制權而戰，哪個會取勝？情緒腦會推翻大腦皮層的合理規劃，本能腦則會要求身體安全壓過情感。想像一下，如果三腦都想要不同的結果，會出現怎樣的混亂！想像一下，如果每部分腦都想勝過其他腦，贏得身體的控制權，你怎麼可能有協調一致的行動？

　　一切有用的改變都與管理自己的大腦─思維系統相關。強大的轉化式對話使我們能迅速做到這一點，使我們能在這個世界裡掌控自己的計畫。

第三章

超意識思維：
你的整合系統

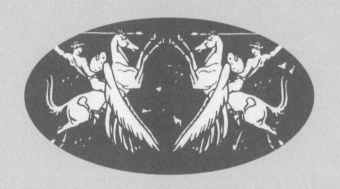

真正的發現之旅不在於發現新風景，
而在於獲得新視角。

——馬塞爾·普魯斯特（Marcel Proust）

海倫・凱勒：
如何造就「人類」

　　很多人都讀過海倫・凱勒的故事，為這個失去了聽覺和視覺卻很快樂的女人的智慧、好奇心和幽默感到驚訝。我第一次讀到她精彩絕倫的傳記是在一個春天，在一棵綻放著鮮豔的粉色花朵的櫻桃樹下。我坐在草坪上的椅子裡，聽著悅耳的鳥鳴聲。我試著想像了一下，沒有聽覺和視覺的生活會是什麼樣子。這很難想像。

　　海倫沒有用「像是生活在『沒有生活』或『全然孤獨』的灰色地帶中」這樣的詞彙來形容自己早年的生活。她只是說：「我不知道做一個人有什麼意義。」

　　她7歲的時候，一位盲文老師來到了她父母的農場，耐心地與她共度了那個夏天。海倫說，當她明白語言是什麼的那一刻，她實現了偉大的突破。當老師在她掌心裡寫了40遍「水」這個詞時，她突然意識到了詞彙是什麼！

　　在一個關鍵時刻，她超越了原來那個情緒化的、像動物一樣的人，獲得了人類的理解力。她知道了什麼是語言！她抓住老師，把她拉回到屋子裡，讓老師把她能摸到的所有東西的詞彙都教給自己。就像她後來向別人解釋的一樣，她想要「讓世界鮮活起來」。

　　海倫成了一位受過良好教育的作家，她的熱情、活潑、機敏最終成為高度文明、強大有力的人類能力的標杆。20世紀四五十年代，她憑藉文學批評和卓越的領導能力聞名於世。許多著名作家、作曲家、思想家和外交官都到她位於華盛頓的家中拜訪她，聆聽她的教誨。她的一些著名言論強調了人類發展的關鍵。下面是其中三個：

- 當被問到失去視力和聽力受到的限制時，海倫大笑起來。她回答說：「這和眼睛、耳朵的功能沒有任何關係，經驗是強大的！」她補充說，「眼睛和耳朵的缺失只是小事，沒有願景的生活才更糟糕！」

- 她曾用自己的狀況比喻全人類的情形。「我只是一個人，但我仍是一個人。我不能做到所有事，但我能做到一些事；正是因為我不能做到所有事，我才不會拒絕去做我能做的事。」

- 很多人都記得她充滿力量的言論，記得來自這位「重獲生命」並珍視每一刻的人的警告：「生命要麼是一次勇敢的冒險，要麼就什麼都不是！」

從海倫的話中，我們能體會到一些很深刻、很重要的東西。我們所有人都是夢想家，一次又一次地編織著自己的生活。但有些時候，我們卻表現得像餐桌旁的乞丐。只有我們能決定自己生活的品質。只有我們能選擇自己的夢想，並承諾去實現它們。

真知和有目標的生活意味著找到生活的中心。我們要麼是在追求真正的生活，要麼就什麼都不是！

整合你的大腦——思維系統

　　在第二章中，你已經對三層大腦系統有了基本的認識，這也是瞭解思維系統組織的關鍵。現在，你已經準備好了提升自己的技能，強化你思維的意識系統和超意識系統之間的關係。徹底探索、測試、信任這兩者的關係，將為轉化式對話構建堅實的基礎，讓你過上真正的生活。

　　請注意，我們在這裡用的詞是「超意識」而不是更常見的「潛意識」。正如我們接下來會解釋到的，我們的深層價值導向思維有自主意識，能自主整合，因此用「超意識」更加準確。我們也把這種更廣泛意義上的思維稱為深層認知系統，因為它在生活中的任務就是組織你的核心價值和目標。

意識的本質

意識的本質是什麼？花一點時間來想想這個問題：你現在能意識到什麼？不管你現在在哪裡，環顧四周，注意周圍的環境。你意識到了什麼？你可能會發現，自己的意識像潛艇的潛望鏡一樣。你會發現，專注力的潛望鏡從一個地方飛掠到另一個地方，或許會看到熟悉的物體，或許會聽到遠處的聲音，或許會聽到某處某人的交談，或許會聽到外面的汽車聲。或許你的注意力會向內轉移，注意到身體感知或呼吸。你可能會察覺自己內心的對話——有個小小的聲音可能正在說：「她說的‘意識’是什麼意思？」

換言之，儘管你可以有意識地關注多重領域，但你傾向於按照順序關注它們。對絕大多數人來說，有意識的注意力通常是狹窄的，我們同時注意的事通常不超過3～5件。研究表明，意識（因文化背景和個人實踐的不同而不同）一次可以容納4～7個關注焦點（橫向）。當你把有意識的注意力轉移到需要的地方時，你就抹掉了對其他領域的關注。

我們很熟悉讓意識持續不斷地重新對焦的行為，儘管我們可能沒有注意過它的過程。現在，我們要來探索這一點，讓你意識到你左腳的大拇指。在提出這條要求之前，你最近或許沒有有意識地感知過自己左腳的大拇指。一旦你選擇了關注左腳大拇指，你就會自動把一直能接收到的訊息帶進意識。但當你沒有主動考慮它的時候，你對大拇指的感知在哪裡？它一直被你的超意識監控著。

也就是說，你對自己全身的感覺一直觸手可及，但經常被排除在意識之外。即使大腦系統仔細檢查我們的身體狀況，我們也常常把注意力從很多不重要的地方（比如左腳大拇指）移開，讓意識更有效地聚焦於更重要的地方。

　　很顯然，大腦並不是每時每刻都在有意識地感知身體各個部位。但當你尋找每個部位時，它們可以瞬間被觸及。情緒腦也一直在監測你的情緒狀況。本能腦和情緒腦之間的強大關聯意味著，你的情緒和身體感知緊密地聯繫在一起，而且被密切監測著。這個雙腦系統控制著你的注意力。

　　意識是為有意識的意願服務的。由於意識的關注點有限，同時只能有4～7個訊息焦點，所以它很容易突然發生錯亂。如果你允許自己的意願被拉到別處，這種混亂就很容易發生。由於意識只是受意願引導的聚焦設備，意識傾向於聚焦在關於意願的細節上，因此它很容易在細節中迷失。

　　由於意識的狹窄性，它偏愛清晰的選擇（是或否，這個或那個，這裡或那裡，非此即彼）。這就意味著，它很容易在宏觀圖景上失去焦點。宏觀圖景就是當我們放大注意力、擴展意識範圍時，我們能很快看到的各種可能性和更長遠的選擇。視覺導向的大腦皮層發展歷史最短，它需要經過發展才能更好地工作。否則，我們仍會被舊有的意識習慣束縛，比如，那些首先表現在情緒和習慣上，然後迷失在細節中的意識。

　　教練問題設計出來就是為了增強意願的力量，把注意力和意願聯繫起來。當人們帶著目的性、和諧性、靈活性去學著利用更大的整合思維系統時，他們就能養成新的習慣。

超意識思維：
你的整合系統

那麼，超意識，即統領我們意識的龐大系統，它的本質是什麼？

正如我們討論過的，意識的潛望鏡經常會聚焦在細節上。這個細節或許只能涵蓋整個意識系統極小的一部分。有人曾打過一個比方，意識涵蓋的範圍不過是1萬公里中的1釐米。在某個特定時間點，這個焦點之外的任何事物都是超意識的。我們隨時都能開發利用這個巨大的意識系統。

超意識十分龐大，潛在內心世界發現的每個領域均被其覆蓋，既包括你身體最微小的感知、腦海中最細微的記憶，也包括你的探索潛能計畫中最小或最大的期待。它涵蓋了每一件你能注意到的事，只要你願意去關注！

運作在超意識這個寬廣的不可思議的領域中的東西，通常有很多被排除在意識之外。但如果你願意，就可以選擇去探索它們。由於日常生活節奏很快，你的意識被固定在面前最緊急、最重要的事情上面，因此，你只能注意到願景/價值系統中極小的一部分。當你被要求放開自己，在輕鬆的狀態下關注更廣闊的問題時，你很快就會學會探索習慣範圍之外的重要領域。換句話說，當你允許自己放鬆下來，把注意力轉移到更廣闊的範圍時，你就可以很自然、很容易地進入超意識中更寬廣的領域。我們可以關注森林中眼前的樹，也可以把注意力轉移到更廣闊的遠景，看到整個森林。

深層認知系統的性質

　　超意識的任務就是不斷探索、尋找機遇、發現可能。超意識系統主要由一個強有力的、內在的願景/價值焦點組成，它把你和你對意義深遠的選擇的意識聯繫起來。這意味著，深層認知是強大的驅動力。它推動著你去追尋對你來說最重要的東西，鼓勵你去探索最好的未來，引導著你對夢想的追逐。

　　意識通常是由過去的結論組織起來的。超意識能描繪未來的藍圖，因為它能展示未來的可能性，而不僅僅是已經存在的、過去的結論和信念。這就意味著，超意識的全腦系統是一個強大的聯盟，將為你創造新生活和進行新發展提供動力。

　　在超意識中，生活的某些領域是散亂放置的，就像壁櫥中待歸整的物品一樣。這些驅動你的大腦但很少被探索的區域，可能包含你的身份認同系統（我到底是誰？我到底能為地球奉獻什麼？），也可能包含大量文化概念和語言系統。每次當你提出問題、想像不同的選擇、設想對某個計畫的積極解決方法時，你都運用了超意識和它內在的「放電影」能力。這個系統的精彩之處在於，它會用複雜的視覺化圖像來回答問題。在其他情況下，狹窄的有意識的焦點不會這麼容易被同化。當思維系統中的這一部分被啟動時，它就會開始創造性地進行視覺化想像，讓你看到不同情境下的多種選項。當看到這些可能性並比較這些選項後，你就能規劃一個高效的行動計畫，從而實現目標。

　　超意識喜歡能讓你馬上縱觀全域的視覺形象和全景地圖。這就意味著，你可以立即採取有效行動，用「定向未來，系統把握」（future-and-system-oriented）的方式制訂長期願景。當你懂得如何用這種方法幫助他人

時，你提供有效教練的能力就增加了一倍。首先，你可以幫助他人明確自己的目標，弄清這和他們自己的核心價值是怎麼聯繫的。其次，你還可以幫助他們看到詳細的行動路線圖，找出採取有效行動的最佳選項。

超越小妖的思考

對大多數人來說，日常意識主要是由過去的結論組織起來的，很容易使人們傾向於作出負面判斷。這也會影響到語言結構，形成一個常見的趨勢，即將意識聚焦於我們並不想要的東西。結果是，消極因素佔用了我們絕大部分的注意力。這種由於害怕得出的結論，我們戲稱其為「小妖」。這種結論給我們帶來了很多困難，因為所有的事都是先發生在腦子裡，然後再發生在現實中。

經過消極的內在對話、想像和情緒，「小妖」習慣已經耗盡了我們日常所需的注意力和精力。但是，通過把深層認知系統的能量與積極的視覺化思維相連，你可以改變小妖習慣。多數人發現，一位技能嫻熟、知識豐富的對話夥伴有助於自己改變小妖習慣。我們會在第六章詳細討論與小妖相關的內容。

在這裡，我們會簡單介紹一下。請注意幾個與你的超意識有關的關鍵點。首先，超意識不會識別負面的東西。「沒有」「不會」「不是」等否定詞後面的都是你看到的東西，也是你引入生活的東西。例如，注意「不要踩進爛泥裡」或「不要灑了牛奶」等短語。當然，這些短語勾勒出了爛泥和牛奶灑掉的圖景。然後，你會不由自主地想像你踩進爛泥裡或灑了牛奶的情景！同樣的事情也會發生在聽你說話的人身上。請想一想，「不灑出牛奶」這幅圖究竟應該是什麼樣的。這幅圖不可能被創造出來，除非你用正面詞彙「拿穩杯子」或「小心地走到桌子旁邊」。試著把「我不想摔倒」「我不想害怕」「我不想再這麼迷糊」視覺化。你想像出了什麼東西？如果你重複這些想法、這些內心的咒語，然後一遍又一遍地感受（就像很多人做的一樣），你就更可能摔倒、害怕、犯迷糊。這是因為超意識

不能識別否定詞。你必須小心選擇你的語言，因為人們會自然而然地把語言視覺化，然後看到那幅圖景。

由於人的能量會隨著注意力轉移，人們心中所想所感會變為事實。不管你關注的是什麼，它都會變得更加生動。你現在腦中的想法和心中的感受，正是你生活中即將出現的。當你不想讓某事發生時，你實際上正在讓自己走向想要的結果的對立面。因此，幫助人們謹慎地選擇目標，讓他們聚焦於自己想要的東西，這一點十分重要。

超意識是天生的保護者，它對緊急事件、關乎生存的事情有強烈的反應。緊迫感會伴隨內在或外在的緊急呼聲產生。聚焦於「不想要的東西」的內在對話會阻礙人們前進，並產生消極的感受。當人們想到「我不想要」「我不能」「我不會」這些詞時，他們就會緊張起來，產生不好的感覺，或在腦海中閃過消極的圖像。這些圖像阻止了他們選擇更多的積極圖像。這種緊張感讓人們回想到消極言論或負面感覺，從而形成惡性循環。

負面的思維習慣可以輕易掌控大腦系統。人們可能已經通過家庭、學校或文化學會了如何以特定方式作出決定。例如，有些人通過回顧從前的口頭結論，或者對從前無效的身體感受作出反應，從而作出決定。（「那是種可怕的感覺！我不想再有這樣的感覺了，所以我最好還是不要那麼做了。」）另外一些人則通過從前事件的圖像和自己從前的結論，迅速把決定送往情緒腦。他們過去犯了錯誤，認為未來可能會犯同樣的錯誤。他們圍繞這個結論構建了一種模式。這種模式阻止了他們向願景前進的腳步，因為他們把注意力放在了不想要的東西上面。

當負面思維習慣掌控大腦系統時，絕望就會驅使你的生活。被絕望驅

使，就像一個人在內心進行「痛苦」與「歡樂」的網球對決。

　　相反，被正面思維驅使的人，則像一隻目標明確、訓練有素的小鳥。無論內心多麼波動起伏，它都會根據內心的願景，帶著堅定的決心，踏上遷徙之旅。不管風雨兼程，它都會在意願和專注力的指引下循路前進。

開放式問題：
連接超意識

　　有效的激勵談話和成果導向的教練，能幫助人們迅速擺脫舊有的習慣系統，甚至是超越舊有習慣模式，朝獲得超意識的整合能力前進。每當你向自己或他人提出會啟動思維視覺化能力的問題（比如，「在你的想像中，最好、最有效的行動步驟是什麼樣的？」），你就能創造出一些視覺化選項，超意識也會啟動積極的「放電影」能力。你會設想出不同情境下的多種反應。你會變得強大有力，能制訂一個偉大的計畫，採取有效的行動步驟。

　　開放式的教練問題與真誠的探索之心相結合，能為你打開一扇新的內心之窗。你將學會關注自己內心和外界發生的事情。

　　大部分人習慣同時關注四個左右的焦點。還記得大拇指練習嗎？你可以通過拓展大拇指練習，學會掃描所有的注意力區域。很多教練問題設計出來就是為了拓展我們的關注焦點。通過這樣的練習，你會漸漸靈活運用整合生命發展系統，體會到與自己的價值觀協調一致的、有意識的生活的樂趣。你還能更好地運用自己本來就擁有的內心規劃工具。

　　儘管深層意識每時每刻都能看到符合價值判斷的願景，但它有時候會陷入混亂。因此，你需要增強自己的判斷能力，認清什麼對你是最重要的。你需要對涉及超意識的智慧充滿好奇心。通過自己的探索，你會發現，就像生活中和各種各樣的人溝通聯繫一樣，你也可以用同樣的方式對自己的內心提問，與自己的內在溝通。通過練習，你將學會發掘深層自我，發現關於內心的隱藏知識。

　　通過培養靈活的大腦系統，你可以繞過情緒腦的自我保護習慣——我們將此戲稱為「鐵石心腸」（hardening of the categories）。情緒鈣化（calcified categories）可不是開玩笑的！我們發展情緒安全系統是為了保

護自己的安全。它有一個焦點，即把注意力收縮到對私人生活的關注上。這極大地損害了我們的潛能。我們應該停下來想一想，過去不等於未來。我們要提醒自己，注意觀察世界上的新鮮事物。這兩點都很重要，這會讓你以全新的視角設定下一步的前進方向。

當你用自己的方式整合這本書的思想時，你會發現，有很多方法能充分發揮你內在相連的大腦—思維系統的能力。你會像海倫‧凱勒一樣，跟隨指引靈魂的明燈，傾聽和信任內心真實的願景，突破原有系統的限制，發現一個嶄新的世界。

總而言之，如果你想加入轉化式對話教練的行列，想喚醒人們的天分，激發他們最大的潛能，你就必須非常確定以下幾點：

(1)把所有的負面語言轉化為正面語言。比如：「如果你不想＿＿＿＿＿，你想要什麼？」

(2)幫助人們充分發揮其視覺化能力，關注他們想創造的東西。

(3)用溫暖輕鬆的語調幫助人們敞開內心，讓他們不再封閉自己，不再狹隘地作出習慣性的反應，而是去探索自身的可能性。

練習：
與深層認知系統一起來個頭腦風暴

大多數人都沒有意識到，他們可以直接向自己的意識和超意識提出具體的問題，並得到非常不同但很有用的回答。如果你只向意識提出問題，就限制了自己能接觸的世界。要超越「小妖」思維，我們首先要熟悉如何訪問自己的超意識。通過開放式的問題、創造性的頭腦風暴、系統的視覺化練習、幽默的態度、溫和的提問語調，這些有效的教練技能會為你鋪平探索超意識的道路。

下面這個練習能幫助人們通過學會關注內心的聲音和語調，關注自己頭腦中的圖景，關注與自己深層意識交流時的感覺，意識到自己的超意識。

這個練習的目的是與超意識建立連續而流暢的連接。為了做到這一點，你可以從自己非常看重的一個領域開始。你提出的探索問題應該是開放性的。你需要把探索的問題內在化，以便獲得對超意識最大、最全面的系統認識。

在這個練習中，你將接觸到兩種完全不同的傾聽內心的方式，由一個總體掌控者或綜合觀察者將兩者結合起來。你可以通過三把椅子來確定不同的意識位置。

三把椅子的頭腦風暴

通過這個練習，你可以向自己或他人介紹超意識和深層認知系統。這對所有人都適用。這個練習最好由兩個人完成，一個人是探索者，另一個人是教練。如果有錄音設備，這個練習也可以由一個人完成。

把三把椅子放好，供探索者使用。按照劇院式的位置擺放，也就是兩把椅子並排放在後面，一把椅子放在前面，形成「V」形結構。所有椅子

都面朝同一方向，如圖3-1。

圖3-1　三把椅子的頭腦風暴

　　後排椅子中的一把代表意識，我們稱之為「組織者」，它創造你的「工作計畫」。後排的另一把椅子代表超意識，它是你的深層自我。對有些人來說，這部分是未知世界。超意識通常表現為你聽到的微弱的內心之聲，或者腦中一閃而過的畫面，這層意識對實現你的目標起著關鍵作用。

　　前排的椅子代表「整合與觀察點」，它超越了意識和超意識。這把椅子代表你從「教練的位置」把握整體的能力。在這個位置，你可以看到兩個系統的想法或經驗，將來自兩種意識的思想和天賦整合起來。

　　這是一個強大的練習，能讓你提出和回答問題，它將開發你同時關注兩個意識系統的能力。這個練習的目的是傾聽你內心的智慧。正如這三把椅子的結構一樣，通過這種方式，你會增強並拓寬開放式的注意力，這是作為一名探索者的核心能力。

探索者與教練的內心頭腦風暴

　　跟隨下面這個強大頭腦風暴的步驟。第一步，在教練的幫助下，探索者要提出一個關於自己目標的開放式問題。比如，一個人會問：「要實現我的目標⋯⋯最有效的途徑有哪些？」或者「要取得⋯⋯的成就，對我來說最重要的是什麼？」或者「要開始做⋯⋯我可以用哪些好方法？」。本章最後一節提供了更多參考問題。關鍵在於，選擇的問題要能在最大程度上幫助探索者獲得自己所需的東西。

　　用休閒聊天的語調和節奏進行對話。探索者在後排兩把椅子裡選擇一把，作為意識角度。教練向探索者提出預先選擇好的開放式問題。探索者坐在後排的每一把椅子上時，教練都要重複這個問題。探索者根據所坐椅子的角度，仔細聆聽內心的不同答案，教練則把探索者說出的答案記錄下來。完成這個步驟後，探索者從代表意識的椅子換到代表超意識的椅子，再換到代表整合的椅子上。探索者坐在每一把椅子上時，教練先提出問題，探索者再向自己的內心探尋答案。教練要關注並記錄所有的答案。

　　探索者向自己提出問題，在後排每把椅子上探索內心的反應，直到不再有新的想法出現。當探索者到達代表整合的椅子上時，他只需傾聽教練重複自己之前的回答。代表整合的椅子是為了重放內心的反應。注意，在另外兩把椅子上得到的答案是不同的。

三把椅子練習步驟快覽

　　探索者坐在代表意識的椅子上，聆聽問題，認真思考，然後把自己內心出現的任何答案說出來。教練在這個環節是記錄員，將探索者的回答逐個記錄下來。

在探索者完成意識椅的探索後，教練請他坐到代表深層認知系統，也就是超意識的椅子上。教練用一種柔和緩慢的語調重複剛才的開放式問題，深化這把椅子所代表的探索過程。

在這個過程中，當探索者停下來的時候，教練就要更輕柔地重複一遍問題。建立框架是很重要的，教練也可以加入一些提示，例如「慢慢來，放鬆一點，你可以換個舒服的姿勢，傾聽和訪問你內心的智慧」。教練還應該用更溫和、更緩慢的語調說話，用自己的動作（更放鬆，雙手張開，眼部放鬆，等等）引導探索者。探索者傾聽並關注內心的回應，將出現的所有詞語、圖片、影像或感受描述出來。教練認真記錄回答。

探索者坐上前排的第三把椅子，也就是教練位置或代表整合的椅子。教練對照自己的記錄，說出探索者此前在每個位置的回答。例如，他可以這麼說：「你的意識說……（列出回答），你的深層認知說……（列出回答）。」

教練和探索者就這次探索中的發現進行對話。注意兩張表上的答案的有效性和價值，注意觀察意識和超意識兩種狀態下的回答是否相輔相成並融為一體，它們是怎樣做到這一點的。教練可以繼續幫助探索者，讓他學習欣賞意識─超意識系統。教練可以用這樣的句子：「注意觀察兩者是如何相輔相成的。有時候，感知它們是很有用的，它們就像你肩後的禮物。注意觀察兩者是否連接在一起了。你可以用雙手合十表示兩者的整合。」

在完成這個練習後，教練詢問探索者練習中的各種回答代表什麼。有些回答或許是象徵性的，探索者可能希望向內探索，得到更清晰的理解。提醒探索者，如果他們以親切讚賞的態度去詢問內心，就可能得到解釋。花一點時間描述和欣賞這些回答，思考它們對生活其他領域的意義。

內心頭腦風暴示例問題

這些示例問題可以幫助你設計適當的問題，為你提供一些教練的良好思路。問題必須是開放式的、開拓性的，需要有一個特定的學習或探索目的。例如：

- 在＿＿＿＿＿方面，對我來說什麼是重要的？
- 在＿＿＿＿＿方面，對我來說什麼樣的學習方式是最重要的？
- 我需要在＿＿＿＿＿方面進一步拓展能力。
- 我需要擴充關於＿＿＿＿＿的內在知識。
- 我需要在＿＿＿＿＿（比如，X領域）提升領導者技能。
- 探索特定的發展領域（或者設定目標X、Y、Z）。
- 幫助開創一個特定的創造性領域（領域A、B、C）。
- 我想發現繼續做＿＿＿＿＿的關鍵方法。

   或者另外一些問題：

- 有哪些強大的選項能讓我開始做＿＿＿＿＿？
- 在＿＿＿＿＿領域，我可以怎樣有效提升自己的（創造力、能力、選擇……）？
- 要提升我的＿＿＿＿＿技能，有哪些關鍵的方法？
- 為了做到＿＿＿＿＿，我需要成為誰？

第四章

人生計畫的
四個階段

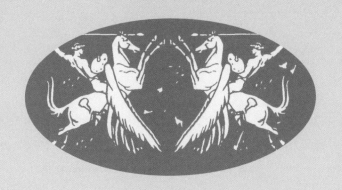

科學是有條理的知識，智慧是有條理的生活。
——伊曼努爾・康德（Immanuel Kant）

思想的運轉就像戰爭中騎兵衝鋒一樣：
騎兵的數量受到嚴格限制，
他們必須配備精神飽滿的戰馬，
而且只在關鍵時刻衝上前去。
——阿爾弗雷德・諾斯・懷海德
（Alfred North Whitehead）

橫加公路上的突破點

20世紀70年代末，我進行了一次有趣的冒險。我開著一輛皮卡，拖著一輛小房車，從紐約出發，橫穿加拿大前往溫哥華。對我來說，這是一次不同尋常的旅行，因為此前我只開小轎車做過短途旅行。我決心要進行一次有趣又安全的旅行，但離開多倫多7個小時後，我發現自己獨自行駛在橫加公路上。天色漸漸變暗，我的卡車也漸漸慢了下來。當我開始覺得害怕的時候，我發現了一個服務區（停車場裡停著很多大卡車）。我開了進去，在引擎熄火前找到了一個停車位。服務區很黑，所以我爬到房車裡睡覺去了。

第二天早晨我醒來後，發現小皮卡的電池一點電都沒有了。一位留著灰白鬍子的魁梧的雙門卡車司機從一輛巨大的雙門車裡走了出來。他揭開我車子的發動機罩，檢查了一番，然後搖搖頭，告訴我發電機報廢了。

我歎了口氣。那是個星期天早晨，我身處安大略省北部。這就意味著，24小時裡這個與世隔絕的服務區都不會出現機械修理工。

那個卡車司機說：「我告訴你，沿著這條路走200公里就是我家了，我在那兒開了一家廢舊汽車回收站。我可以幫你找一個能用的發電機，換掉你的壞發電機。這是你最好的選擇了！我會幫你發動車子，你只要一直跟在我後面就行。然後我會幫你換個發電機，你就能繼續旅行了。」

多棒的幫忙啊！不一會兒，那個卡車司機用一個緊急接電發動了我的引擎，我們一起沿公路前進。

幾個小時後，我看見一個年輕的德國搭車客。他穿著綠色的皮短褲，戴著一頂皮帽子，手裡舉著一個大牌子，上面寫著「大學生搭便車到溫哥華，請幫幫我」。他看上去很和善，也很開心。我停下車，很好奇地問他到底是不是德國人。交談了三四句後我確信了。他告訴我，他已經在這裡

站了兩個小時了。

　　我示意他從皮卡的另一側上車，並伸手去開另一側的門。我的腳從油門上滑了下來，引擎熄火了。突然之間，我們兩人都被困在了這裡。與此同時，我看見那位卡車司機巨大的車影消失在前面的小山裡。

　　我和搭車客相互認識了一下，然後聊了聊在這個荒郊野外得到幫助的希望是多麼渺茫。在採取任何行動之前，我決定先到房車裡喝杯咖啡。我倒咖啡的時候，聽到了汽車喇叭的響聲，看到那位卡車司機從小山裡掉頭回來救我們了。他邊摁喇叭邊揮手，伴隨著從山上下來的尖銳剎車聲。

　　他緊急剎車，車子橫在路上停在我面前時，路基塌了下去。大卡車的後半部分突然滑下了路沿，陷進了溝裡。現在，我們三人都被困在高速公路上了。

　　設想一下，當時還不是手機普及的時代。卡車司機查看了車子的損壞程度，然後搖了搖頭。大卡車幾乎要側翻了。我泡了第三杯咖啡，準備了一些三明治。我們誰都沒說話。

　　突然，「營救隊」出人意料地出現了。他們每個人都是開了很長一段路的卡車司機。直到看到溝裡的卡車時，他們才意識到自己成了營救隊。每輛車都自覺地停了下來。不到10分鐘，就有6輛大卡車停在了高速公路上，4輛在路的一邊，2輛在另一邊。他們都遵守卡車司機「一方有難，八方支援」的基本原則。7輛大卡車，加上我的車，看上去就像一個小鎮。除了一條車道外，高速公路上其他的車道都被堵住了。

　　每個人都開始行動，組成了一個完美的團隊。看到一群人自發地形成一個團隊，是一件很美妙的事。人們一起找出問題，一起動手解決。我們檢查了損傷程度，進行了討論，找出了可能的處理辦法。其中一個人領

頭，分配了工作。每個人都在急匆匆地尋找鏈子和其他工具。

我看到，這絕對不是一次簡單的行動。卡車司機們跑來跑去，拉出各種長度的鏈子，又是量長度又是討論。他們聚成一堆，圍著一幅畫著繩子和滑輪的圖進行討論，然後把圖扔掉，重畫了一幅。

與此同時，那個搭車客也在努力幹活。他站在公路中間，指揮左右方向的車輛通過那條單行道。他先示意從左邊來的一隊車通過，然後攔住左邊的車，示意從右邊來的車通過。皮帽子和綠色皮短褲讓他看上去絕對不像一名交通警察，但來往車輛都接受了他的指揮。

我在房車和卡車之間來回奔跑，為人們泡咖啡。我還做了一些三明治，但他們都太忙了，沒有時間吃。

他們全神貫注地工作了一個半小時，把卡車排成行，準備最後的行動。領頭人一聲令下，緊密配合的三輛大卡車開始一起拉，終於安全地把雙鬥車從溝中拉了出來。大家歡呼雀躍。任務完成後，他們拍了拍對方的後背，然後跳上自己的卡車，轟隆隆地開走了。

我、卡車司機和搭車客三個人留在原地。卡車司機對這次順利的營救感到很高興。他立即把我的車重新發動起來。一小時後，在他的廢舊汽車回收站裡，他給我裝了一個新發電機。一個半小時後，我的卡車用上了全新的發電機繼續踏上了旅途。

通過這次經歷，我認識到，每個人在內心都是一位英雄，他們只是在等待一個機會來展示英雄精神。當目標明確的時候，大家會欣然組成團隊並全身心投入。當我們遇到困難時，一個幫助團隊就誕生了。此外，人們會盡力去做，全心奉獻，興高采烈地貢獻自己的英雄精神。這正是人類的

本性——當有人需要時，我們會伸出援手，腳踏實地地全力奉獻，以期完成工作。人類的大「H」（具體見第一章）就這樣開始運轉。

想像一下你生活中有一兩位英雄出現的時刻。我們講的故事裡充斥著這樣的時刻！這些故事不僅僅關於某個特殊的人，而是與我們所有人有關。我們都體驗過團隊協作，我們都在團隊之中！我們就是英雄，就是奉獻者，就是生活這場大遊戲的成員。

意願的四個發展階段

　　高速公路上實施營救的司機團隊參與了一個計畫。我們的生活充滿了長期或短期計畫。把你生活中的每件事都當作一個計畫。作為一個人，你的工作就是做一位成功的計畫策劃者和管理者，成為我們周圍其他計畫團隊的成員。你要負責許多大計畫，比如過日子。有人認為，人生不過是生和死之間的一瞬而已。你也要負責像做飯、買雜貨、寫歌、玩遊戲、給孩子讀故事或洗澡這樣的小計畫。

　　作為一個完整的人，一個有目標、與周圍人相聯繫、尋求深層意義的人，當我們參與一個計畫時，我們最容易發展自己的潛能。我們通過做事來學習。在參與計畫的過程中，我們自然而然想經歷更多、學習更多、獲得更多、做得更多、擁有更多。計畫讓我們全身心投入一個特殊領域，在每個步驟中努力獲得最豐富的發展。

　　花一點時間想一下，你生活中有沒有什麼事曾經只是一個目標、一個夢想、一個渴望，但最終被你實現了。現在，寫下你把它轉化成現實的每個步驟。你可能無意中經歷了這些步驟，但有某件事激勵你把選擇轉化成現實。這些步驟是什麼？你是否投入了很多情緒能量？在你有夢想之後，你有沒有設定實現夢想的時間？你是否創造了一個實際的計畫？你還採取了什麼步驟？

　　你可能會注意到，在深受激勵的時刻，你的內心閃耀著光芒。那是一個發現真理的時刻，你果斷決定去追尋你的目標。然後，你就出發了！在這個時刻，你宣佈了自己的夢想，堅定地把握夢想，跟隨自己的意願去做需要做的事。最初的想法可能像山間一條新闢的小路，是規劃工程師眼中的一個夢想，但它最終會變成暢通的高速公路。

　　實現任何一個夢想都需要四個步驟。要實現你的意願，你需要有：

(1)一個堅定的計畫。

(2)在一定時間框架裡實現計畫的可行步驟。

(3)使用的實體（可能是從這個計畫中直接獲益的利益相關者）。

(4)這麼做的意義（一群人可以從這些行動和結果中獲得快樂和價值）。

　　人類共同的創造性天賦創造出的文化產物，已經成了我們日常生活中必備的工具。比如，你可以想想一把勺子。在歷史中的某個時刻、某個地點，某個人想到了一個創意。他根據意願的四個步驟，為我們創造出了如今被廣泛使用的勺子。

　　另一個例子是做湯。我常常意識不到我在做湯過程中經歷的所有小步驟，但這其中肯定是有步驟的。首先，我想像自己在享受一碗滾燙的湯，裡面加滿了我喜歡的各種食材，我因此深受激勵。然後，我設想了準備步驟，以及如何完成每個步驟。我計算了每種食材需要的量。每往鍋裡加一種東西，我都會問自己：「誰會喝我做的湯？他們最喜歡什麼？」最後，我想到了與家人分享這鍋湯時的歡樂。這四個關鍵步驟總是伴隨著創造的意願，自然引向下一個規劃階段。

　　一旦你設定了一個意願，並創造了行動的環境，你就會探索你的願景，宣佈你接下來的步驟，為主要的利益相關者重新完善價值。什麼是利益相關者？你的利益相關者可能包括你的內心需要、願望、欲求，還有你周圍的人——家人、朋友、同事、客戶、鄰居、社區成員等。

　　例如，你可能會問，如果我實現了我的目標和意願……

・誰會受到影響？這對我們所有人來說意味著什麼？

．為什麼實現這個意願很重要？還有什麼其他的原因？

．怎樣實現這個願景？

．哪些行動是最重要的？

．要在何時、何地採取這些行動？

　　提出這些問題，會讓你明白此時此地你內心深處的願望，激勵你把意願進一步擴展。當你聚焦於實現飽含熱情的目標、朝著願景努力的時候，你生命的價值就實現了。

計畫和成就的四個階段

意願的四個發展步驟是構造和識別一個計畫價值的方式。這些步驟自然指向計畫的四個階段。關於計畫和成就的四個階段，一個形象的比喻是方形的棒球場。想要打出一個全壘打，運動員必須跑滿四壘，或稱為四個階段。

計畫和成就的第一個階段是激勵，如圖4-1所示。你深受激勵，決定朝你想要的方向努力，下定決心要大幹一場。這是第一壘。

你繼續探索如何才能得到你要的結果，制訂行動計畫。這是你計畫的實施階段，即第二壘，如圖4-2所示。

第三步是採取進一步的行動。你從實施階段中學到東西，通過發展和充實它來獲得你想要的結果，使這段旅程對你和他人來說更有意義。這個階段叫作價值整合，這是第三壘，如圖4-3所示。

你創造了全壘打。你完成了自己的計畫，對已經完成的和在過程中學到的東西十分滿意。想一想，

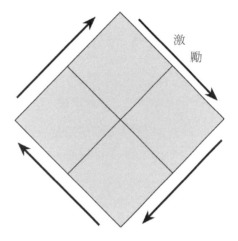

圖4-1　計畫和成就的第一階段

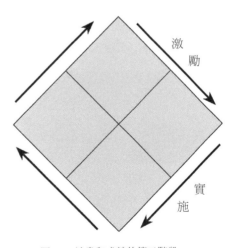

圖4-2　計畫和成就的第二階段

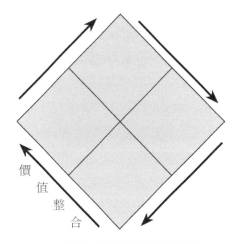

圖4-3　計畫和成就的第三階段

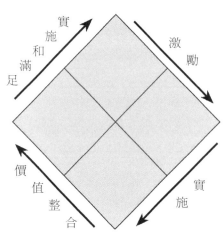

圖4-4　計畫和成就的第四階段

完成任務後，你就進入了真實意義和轉化式意識（transformational awareness）的領域。完成和滿足（如果可能的話，還包括奉獻）把你帶回了起點，如圖4-4所示。

就像棒球中的全壘打一樣，這四個步驟會幫助你完成目標。這四個階段和轉化式對話有什麼關係呢？喚醒人們內心的天賦，就是通過引導他們的意願，讓他們更有效地運用注意力，幫助他們規劃人生。

當一個人在完善他的意願時，高效的教練要全身心專注於此。教練總是要關注意願和注意力這兩個東西，將目標視覺化，關注實現目標過程的經歷。通過與對方進行充滿力量的對話，教練能幫他跨越現實與理想之間的鴻溝。

想像一下，人們的意識就像棒球運動員，充滿激情地在壘和壘之間奔跑。他追隨著自己的意願，朝著最終的目標前進，同時一直在關

注這片場地上每時每刻發生了什麼。隨著跑出的每一步，運動員會越來越專注。他會因為行動的強度變得更加專注。

人的超意識就像棒球場的中心點。它處在投手的位置，擁有360度的意識範圍。如果你要過豐富的生活，它將是你必需的內在領導力。當你需要的時候，它會驅動運動員朝著目標前進，使他堅持目標。

無論計畫要求你從哪一壘跑出，你的內在智慧都有一種模式。它就像身體裡的一個磁極，總是在發展過程中吸引你、鼓勵你。你一直在成長。

通過關注當下來追隨你的意願，你就能塑造和重塑內在生命，使它更接近自己的目標。這樣，你的生活價值就會變得更加清晰。你可以把注意力放在意願上，讓它輕鬆自然地引領你前進。你可以帶著驚奇和訝異轉回頭去，看看你把自己塑造成了什麼樣子。就像運動員跑壘一樣，讓內在目標引導你，你就是自己創造力生活的中心。

將意願和注意力結合的方式，決定了你能在生活中創造出什麼。想一想，當你的注意力是集中的、清晰的、多面的、美麗的時候，你把意願和注意力強有力地結合到了一起。這個結合就是不同之處，它會讓你從此不同。

規劃自己的前進方向

　　所有美滿的人生計畫（life roject）都是以上述四個階段開始和結尾的。無論它們是大計畫（那些需要花一輩子去構建、發展、完成的計畫）還是小計畫（那些突然闖進腦海，只能維持很短時間的計畫和行動）。如果這個計畫可行並讓人滿意，你的目標就會經歷以上幾個步驟：發展、顯現、變成現實。不管你的計畫是什麼，比如，獲得並維持戀情、學會使用一種新工具，或是與繪畫和音樂進行心靈的溝通，你生活的意義都會得到發展和顯現。

　　讓我們回到棒球場這個比喻上來，回憶一下那四個步驟。花一點時間想一想你今年特別想實現的一個目標，想像你站在本壘的位置上。我猜你就願意站在本壘，然後一開始就打個全壘打。我們都希望自己的計畫像全壘打一樣，獲得一個讓人滿意的結果。正是因為如此，成果導向的教練在對話剛開始的時候就會要求客戶想像一個最好的結果。現在就捫心自問：「我想要的成果確切地說是什麼？我怎麼知道我為目標打出了一個全壘打？今年年末我會看到什麼，以此來證明我成功地做到了？我會有什麼樣的感覺？我會聽到什麼？」

　　當你展望宏觀結果的時候，很重要的一點是，你也要開始展望微觀結果，展望循序漸進指引你來到每一壘的細節。這樣，你就可以更有力、更巧妙地實施計畫。「巧妙」意味著通往成功的最清晰的策略。你想以最快的速度學習、發展，向選定的目標前進，用最優異的表現完成本壘打。你想嘗到勝利的果實，慶祝你如何讓生命這場遊戲向前發展。

　　所有的這四個階段都要求最初有一個清晰的設想，以便引領你達到最終目標。從一開始就理解什麼是全壘打，有助於你每次擊球和跑壘都有所收穫。對每次擊球做出評估，能為你提供重要的回饋，讓你在偏離目標時

能重新部署。當你再次準備好擊球時，你就可以帶著全新的能量揮棒和跑壘。下面，我們將分別詳細介紹這四個階段。

第一階段：激勵

所有成功美滿的計畫都始於激勵。在你清楚自己想要什麼，也知道實現願望的價值後，你就會深受激勵。要想獲得真正的激勵，並在整個計畫中保持這種激勵，你就要認識到自己目標中的深層意義，並把這種清晰的認識帶進你的選擇。比如，一位處於激勵階段的製陶工人可能設想出了一套新穎別緻的茶壺設計方法；一位作家會有強烈的願望和很棒的創意去寫一本書。清晰的認識源於真實有力的意願，它能深化對你的激勵。

在這個階段，構想出自己的願景，明確自己想要什麼，弄清採取行動的重要性。帶著這份清晰的願景，你自然而然會進入下一階段。當理由足夠充分時，行動就變得簡單了。

激勵階段是一段內在的旅程，你的腦海中充滿了這樣的問題：「我到底想要什麼？那是什麼樣子的？如果我真的實現了它，我會看到什麼、聽到什麼、感覺到什麼？為什麼它對我很重要？」

第二階段：實施

激勵為你的頭腦和心靈賦予了力量，指明了方向。做出追逐夢想的決定後，你可能會問：「我怎樣才能做到呢？」計畫就進入了執行階段。在這個階段裡，通往成功的道路開始成形，你允許自己全身心投入，實施計畫，不管這會讓你離舒適區多遠，不管你會遇到多少恐懼。

在這個階段，你開始設想和測試特定行動的每個細小步驟，探索實現

目標的過程。製陶工人收集黏土，備齊需要的工具，開始把黏土抹在輪盤上，試試他的想法能不能成功。作家取出一張白紙，開始構思大綱，擬定主要章節。

實施階段的幾個典型的問題是：「我怎樣達成目標？我有多少種不同的方法來達成目標？我需要採取什麼行動？我怎樣執行？我需要什麼資源？在關鍵的領域，我是否需要備用方案或應急方案，以便確保所有的步驟都獲得成功？」

如果這個願景不夠完整，或是你沒有得到充分的激勵，你就可能需要回到鼓勵階段，重新思考，重新創造想法。有時候，需要你花一段時間反覆思考，把你的創意和執行步驟結合起來，否則這個想法就可能完全消失。

執行階段需要技能、資源、策略和決心，有時還需要勇氣。在這個階段的開始，你需要尋找所有這些特徵。當你決定朝目標前進的時候，你就會願意學習你需要知道的東西，去做你需要做的事，去尋找實現計畫所需的東西。

第三階段：價值整合

隨著實施階段繼續發展，計畫就進入了價值整合階段。在這個階段，你的承諾將接受考驗。克服了面前的各種挑戰後，你對計畫的信心和承諾會更加堅定。在你的承諾更加堅定後，不管面對多少困難，你都能更好地執行此計畫，讓它變得更有意義。製陶工人通過試驗，發現了一些提升新茶壺強度和性能的方法。作家找到了最好的構思，也可能放棄了原來讓他思維不暢的構思。

　　你的計畫可能會發生變化，以適應新的環境。你從經驗中獲得了新知識，這些知識使你能抓住學習機會，從而進入下一階段。

　　某些情況下，你或許會發現，執行計畫所耗費的時間、資源、精力和努力遠遠超出預期。某些情況下，你的承諾會經受考驗。你也許會問：「這個計畫真的值得嗎？」這就是你學習和增加經驗的絕好時機。你的問題將圍繞著以下話題：「它的價值在哪裡？為什麼它和我想像的不一樣？新的東西是什麼？增加的東西是什麼？我現在走的方向是我想走的嗎？我怎樣才能走得更遠？」

　　通過回答這些問題，評估得到的回饋並進一步學習，你就擁有了一個機會，可以把計畫推進到下一階段，讓它變得更有意義，讓你覺得更滿意、更愉快。這是一個機會，讓你的計畫為世界提供你不曾想像到的價值。

第四階段：完成和滿足

　　當計畫接近尾聲的時候，完成和滿足（以及奉獻）成了最主要的關注點。在完成階段，你完成了自己拉開帷幕的事情，宣佈自己暫時或永久性地完成了最初設立的目標。製陶工人把茶壺放到市場上出售，從顧客那裡得到回饋，開始考慮更符合顧客需要的新穎設計。作家寫完並出版了小說，並以從寫第一本書中學到的東西為基礎，開始下一本書的創作。你則回到了本壘，實現自己的願景並與之結合。

　　當你高效地完成了一個目標時，你會有成就感和滿足感，會覺得很快樂，自信心大增。事實上，直到宣佈一件事情完成之後，你才能邁出去，才有機會回顧整個旅程，看清每個階段、每個選擇、每次覺醒，享受自己

學到的東西和獲得的成就感。

　　滿足、自我認知、學習和奉獻，都是這個階段的標誌。在你學到了關於自己的知識，並為他人的學習做出貢獻後，你就能創造真正的價值了。即使計畫不是按照最初的設想完成的，完成它仍需要你深層認知系統的智慧，需要它展示你需要學習的東西。對這次學習的認知和理解為你提供了成長的機會。在實現本壘打的過程中，依次觸碰四個壘的體驗證明了這是一次有用的經歷。當你把「完成」一詞重新定義為「學到一些有價值的東西」時，你就會輕輕鬆鬆地讓自己認可做過的事。

　　學會了想要學或需要學的東西後，你就會變得充滿歡樂，這會激勵你再玩一次這個遊戲，或許是以一種更宏大、更寬廣的方式再玩一次。你的問題變成了：「我可以宣佈這個計畫完成了嗎？我學到了什麼？有什麼東西是我以前不知道而現在知道的？我怎麼知道我得到了最好的結果？我怎麼運用這些先進的知識？這個成就還有什麼深層意義？這次我成功了，下次我要怎樣玩一個更大更好的遊戲？」

　　生活中所有的計畫都是從一個階段向另一個階段發展的，有時候發展得很快很順利，有時候會在系統中搖擺不定，有時候會回到激勵階段重新思考、重新獲得激勵，還有些時候計畫會完全終止，整個計畫只是一個學習過程。如果你想與自己和他人進行轉化式對話，你就需要學會在所有階段裡高效靈活地工作。弄清一個人的關注焦點和最有力量的階段，你就能創造一個通往真正有效對話的跳板。

　　如果你或你認識的某個人在某個階段遇到困難，轉化式的教練對話會鼓勵你完成當前的階段，並努力實現比以前成就更多、擁有更多、成為更好的人。埃里克森教練培訓的不同之處在於，它幫助教練識別每個計畫中

的階段。比如，有些人擅於開啟一個計畫，但很難實施和完成。有些人是
很好的完成者，但覺得開啟一個計畫很難。有些人一遍又一遍地重複同一
個計畫，但不知怎樣將其深化，怎樣讓自己的工作變得更有意義。

　　在對話的參與者理解並概覽了從開始到結束的關鍵步驟後，他們就
能一起完成很多計畫。你將學會在最薄弱的環節加以自我培訓，創建一個
內心的回顧板塊，將快樂加入計畫的每個階段，並帶著力量和快樂去完成
它！

練習：
你的「棒球場」思維運作系統

在這個練習中，你要以當下的一個計畫作為基礎，體驗完成計畫的每個階段。你也可以找一個希望完成的計畫，以此作為基礎。放鬆一下，邀請自己的內在認知來到意識最前端。拿出五張紙來，分別寫上以下五個詞：

- 激勵
- 實施
- 價值整合
- 完成
- 教練位置

找一個朋友或用答錄機做記錄。（如果這兩種方式都不適用，你也可以找一個記事板和一張紙。當你站在教練位置時，用紙記下觀察到的東西。）

想像在你面前的地板上有一個菱形，這個菱形代表你的計畫的整個過程。我們的目標是在探訪你的深層認知時，勾勒出整個計畫的步驟。把你的紙放在地上，寫著「教練位置」的紙在最旁邊。這四張紙組成了地板上菱形的四個角，如圖4-5所示。

深呼吸，放鬆，再做一次深呼吸，然後踏上寫著「激勵」的那張紙。這是你探索的起點，花一點時間去享受這個階段。站在這張紙上的時候，思考自己的計畫。讓大腦放鬆下來，清空，處於開放的狀態，等待來自超意識的深層認知。

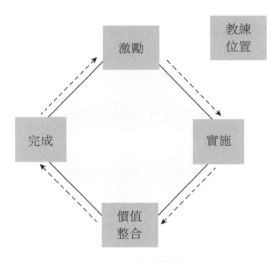

圖4-5　棒球場思維練習

・當你站在這個階段時，超意識為你帶來了什麼樣的深層認知？

・關於這個計畫，你還想到了什麼？

・你到底想從這個計畫中得到或學到什麼？

・當前的激勵怎樣才能變得更深入、對你更有價值？

・你的深層思維（deeper mind）還想向你透露什麼？

　　準備好之後，繞著菱形走一步，到達下一個關鍵點，踏上寫著「實施」的那張紙。站在這裡時，享受一下這個階段，感覺在內心的最深處，你的深層思維已經準備好了提供深刻見解。這份事業心和其他很多東西都要求你現在就擬訂一個行動計畫。注意自己當下的想法，你想做些什麼事來讓計畫變得更高效。讓大腦放鬆，清空，處於開放的狀態，等待來自超

意識的深層認知。站在實施階段時，你的超意識現在想帶給你什麼樣的深層認知？

- 關於這一點，你還想到了什麼？
- 在這個階段，你到底想要實現或學到什麼？
- 為了學到你想要的東西，為了把計畫推進到下一階段，你還需要採取什麼步驟？
- 深層思維還想向你透露什麼？

在你準備好之後，繞著菱形再走一步，踏上寫著「價值整合」的那張紙。當你站在這兒時，享受一下這個階段，感覺到在內心最深處，你的深層思維已經準備好了提供深刻見解。思考一下你的計畫。讓大腦放鬆，清空，處於開放的狀態，等待來自超意識的深層認知。站在價值整合階段時，你的超意識想帶給你什麼樣的深層認知？

- 關於這一點，你還想到了什麼？
- 在這個階段，你到底想要實現或學到什麼？
- 為了學到你想要的東西，為了把計畫推進到下一階段，你還需要採取什麼步驟？
- 深層思維還想向你透露什麼？

準備好之後，繞著菱形再走一步，到達完成階段。當你站在這兒時，享受一下這個階段，感覺在內心的最深處，你的深層思維已經準備好了提

供深刻見解。再思考一下你的計畫，然後讓大腦放鬆，清空，處於開放的
狀態，等待來自超意識的深層認知。

- 你的潛意識想讓你關注什麼？
- 關於這一點，你還想到了什麼？
- 你在這個階段中還想實現或學到什麼？
- 為了學到你想要的東西，為了完成並處理你在這個計畫中學到的一
  切，你還需要採取什麼步驟？
- 深層思維還想向你透露什麼？

在你的內心之中，你已經走完了計畫菱形的所有階段，從激勵階段一
直到完成階段。這就像你已經完成了自己的計畫，準備重新開始一輪新的
循環。在完成階段多享受一會兒。你的內在認知思維已經考慮過了，為了
讓計畫獲得成功，你需要知道和學習哪些東西。當你展望下一個計畫的激
勵階段時，你會意識到，任何一個新計畫都會帶給你更大的成就感。下一
個菱形計畫會更宏大、更廣闊、更令人滿足，帶給你更多的成長機會。感
覺一下自己已經走了有多遠，想像一下你在這個階段獲得的知識還會帶你
走多遠。

再做一次深呼吸，帶著從「完成」位置上獲得的所有知識和經驗，後
退一步來到價值整合的位置上。在這個位置上待一會兒，享受一下你從完
成階段獲得的經驗和智慧。思考一下：

- 擁有這些智慧意味著什麼？如果現在再來完成這個階段，你會輕鬆

多少？

· 擁有這些知識怎樣改變了價值整合階段？

再放鬆一下，帶著從完成階段和價值整合階段獲得的知識，再後退一步來到實施階段。站在這個位置上，享受一下從完成階段和價值整合階段獲得的智慧。思考一下，擁有這些知識讓你完成這個階段輕鬆了多少。擁有這些知識怎樣改變了實施階段？

帶著來自完成階段、價值整合階段和實施階段的知識，退回到激勵階段。享受一下從這三個階段獲得的智慧。擁有這些知識如何改變了激勵階段？

最後，踏上寫著「教練位置」的那張紙。觀察整個系統，思考你在這個過程中獲得的最重要的經驗。你還帶回了其他什麼知識？還有什麼別的嗎？

感謝你的深層思維今天帶給了你這些知識。完成任務後，撿起地上的紙，回顧你所有問題的答案，仔細思考學到的知識。

第五章

思維本源：
人類如何持久改變

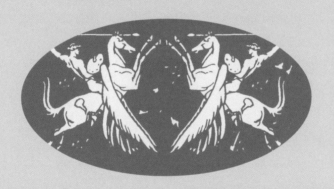

每個人都在說想改變一些事情，想幫助他人，
想解決問題，但最終你能改變的只有你自己。
這已經很不錯了。因為，如果你能改變自己，
就會產生漣漪效應。

——羅伯‧萊納（Rob Reiner）

卡爾・沃倫達的故事

如果你擅長的技能和技藝，這個最讓你快樂的東西，卻變成了你最深切的痛苦，這對你來說意味著什麼？你會放棄自己喜歡做的事情嗎？還是說，即便是在人生最黑暗的時候，你也會忍受痛苦，朝著自己的專長繼續努力？這正是卡爾・沃倫達（Karl Wallenda）做的。在人生悲劇發生之後，他在自己擅長的技藝領域繼續努力，為他的生命再一次帶來了深切的歡樂。

卡爾全家都是走鋼絲的藝人。20世紀40年代末，他們一家人練成了一套令人讚歎的絕技。在表演的最後，他們會進行驚心動魄的六人疊羅漢，也就是三個人站在鋼絲上，兩個人站在他們的肩膀上，一個人站在最上面。「飛人沃倫達家族」的稱號世界聞名。他們和林林兄弟馬戲團（Ringling Brothers Circus）一起表演，還上了電視。

20世紀50年代中期，我曾親眼目睹卡爾的單人表演。那時我8歲，父親帶我去一個有三塊場地的大馬戲場看表演。在第一塊場地裡，小丑們在表演默劇，他們摔跤，互相推搡，從口袋裡扯出無窮無盡的絲巾。在第二塊場地裡，馬兒正在翻騰跳躍，穿著芭蕾舞短裙的女孩站在馬背上。在第三塊場地裡，馴獸師穿著紅色的馬甲，用鞭子指揮老虎和獅子跳過鐵環。

父親指著熱鬧場地上方的一根鋼絲告訴我：「看見上面那根鋼絲了嗎？表演到最後的時候，會有個人表演走鋼絲。」

我現在還能回想起當時的情景。沃倫達的名字響了起來，他個子不高，穿著帶黑色亮片的緊身衣。他向觀眾鞠躬，然後迅速沿梯子爬到房頂上。他滿懷深情地拾起平衡杆，抬起了頭，定了定身形，直視前方，踏上鋼絲。他緩慢而優雅地走著，就像在跳舞。

　　1962年，在一次表演六人疊羅漢的時候，沃倫達一家人從六層樓高的地方摔了下來，兩人死亡，兩人重傷。重傷的人裡有卡爾，他的骨盆骨折了。一瞬間，「飛人沃倫達家族」就這樣消失了。

　　在這場可怕的事故過後，卡爾是怎麼做的呢？他花了6個月時間進行治療，才能在雙拐的支撐下活動。在他能夠走路後，他在家裡後院的草地上架起了離地5釐米的鋼絲。他堅持每天練習，漸漸把鋼絲升高。

　　卡爾是一位大師。他練習自己的精彩節目，把全部思維集中在鋼絲上。通過在鋼絲上舞蹈，他跨越了恐懼和悲傷。他給每一次舞蹈都注入了新的表現力。面對記者的提問，他總是說：「走在鋼絲上我才活著，其他一切都是在等待。」每天，他都會攀上梯子，開始譜寫一首新詩。

　　大師與自己的命運相連。他們知道自己決定做的事是內心深處的選擇，做這些選擇不需要得到社會的認同。他們讓自己的願景選擇路徑，抱定決心完成旅程。還記得卡爾走鋼絲時是怎麼做的嗎？他拾起平衡杆，抬起了頭，直視前方，踏上鋼絲。一個人怎麼走鋼絲？以走鋼絲的過程為例，可以告訴你如何成為任何一個領域的大師。

・你必須深入聚焦於價值。先判斷這件事有價值，並作出承諾。
・你需要一根平衡杆。不管是離地5釐米還是離地六層樓高，平衡都是走鋼絲大師的核心要素。要成為任何一個領域的大師，平衡都同樣重要。
・你需要清晰的願景。向前看，看到願景實現的景象，看到命運在召喚你。

‧你需要深刻體驗那一刻的歡樂！成為大師意味著你要花時間舞動生命。

記住卡爾的話：「走在鋼絲上我才活著，其他一切都是在等待。」

探索思維本源

　　在生活中，我們都在走鋼絲，探尋幫助我們前進、實現重要目標、完成重要計畫的關鍵步驟。其中許多都是我們抱有目標的領域，是我們創造力的內在源泉。

　　當你擁有鮮活的生命，充實了自己想發展的領域，堅定不移為完成計畫而前進時，你的生命會有怎樣的不同？這對你的內在世界又意味著什麼？

　　我們都想用自己的方式變得偉大，但現實卻似乎事與願違。你有了一個事業上的新想法，感到無比興奮，但實施想法時卻遇到了困難。你開啟了一個令人振奮的計畫，卻不得不中途放棄。或者，你每天都很努力地工作，卻忽略了自己的身體健康，沒有為了家人保重自己。在這些情況下，你的偉大夢想遠離了你。你還沒有意識到自己是怎樣被困在了思維本源裡的，偉大夢想就溜走了。

不完美的灰色迷霧

　　很多人都在以往負面結論的基礎上形成了自己的策略，因此很容易失去對事態的控制。當人們陷入不完美的漩渦時，他們常常感到困惑、挫折、不滿足，覺得無法得到自己想要的東西。這個循環不斷重複，負面結論進一步加強。意識一邊要忙於處理超載的訊息，應付根深蒂固的以往假設，一邊還要處理當前內心的對話——接下來要怎麼辦？

　　這種狀態又被稱為「不完美的灰色迷霧」。在內心深處的某個地方，你能感覺到生活中超載的部分，但你可能無法維持生活的平衡，無法拿出一個可行的計畫，從而做出必要的改變並衝出灰色迷霧。這種困惑有很多種表現形式。或許，你感覺事情太多了，很想休兩周的假，釐清自己的頭緒，思考接下來要怎麼走。或許，你已經很久沒有思考人生方向了，你不清楚自己真正的優先事項。當你理解內在對話如何在自己的內心呈現時，你就會開始理解，自己是如何創造出不完美的漩渦的。

　　那些讓你陷入漩渦的想法會產生強烈的負面情緒，如無助、煩亂或憤怒。這些情緒可能深深根植於你的過去，它們會悄悄出現，然後俘虜你的思想。

　　有時候，當人們感覺自己被人強拉硬拽時，他們身體上就會出現相應的症狀。我們的內在狀態和身體狀態有緊密的聯繫。每個人的肌肉記憶中都有緊張時的習慣性動作。研究表明，當人們有負面情緒時，就會做出緊張時的習慣小動作。這樣一來，保存在習慣動作裡的緊張又強化了精神漩渦或灰色迷霧。這種循環可能是暫時的，也可能是長期的，可能偶爾發作，也可能經常發作。人們在因思維導致痛苦和混亂時，以及生活計畫面臨挫折時，會很難從困惑中「覺醒」過來，以上情況可能與此相混淆。

　　認識到自己正在做的事，在內心深處對此感到好奇，這是改變的第一

步。當下的思維會影響你做事的結果。如果你沒有意識到這一點，也不對
此感到好奇，任何改變都只能是膚淺而短暫的。一旦意識到了如何培養有
用的習慣，並真正對此感到好奇，你就已經踏上了改變之路。

路上的障礙

　　下面是三種常見的使自己陷入困境的情況。

　　(1)缺乏弄清優先要務的技能。如果你覺得很難弄清優先要務，或許你會發現，其實你並不擅長做你想做的事。你會想獲得進行創造性的探索、做出相關選擇、集中精力獲取想要東西的能力。你可能需要通過培養系統思維、創造性形象思維、探索潛在未來、明確有價值事物的能力，來練習和提升安排優先要務的能力。

　　(2)舊習慣。如果這對你來說是個挑戰的話，你的生活可能會失去平衡。你可能發現，自己只關注一到兩個關鍵領域。你習慣限制自己體驗的範圍，這會削弱你實現目標的能力。注意力受限可能已經成了你的潛意識，成了一種自發的習慣。這會導致你陷入狹隘的迷霧中。有效的解決方法是，重新規劃你頭腦中生活關鍵領域的地圖。這可能有助於你改變規劃和做事的方式，創造一個富足而充實的生活。

　　(3)以往的負面結論會讓你看不見機會。如果這對你來說是個挑戰的話，那麼過去發生的重大情感事件會在你的意識和超意識領域形成一些頑固的負面信念。在面向未來的時候，這些結論會讓你陷入困惑。請弄清，過去不等於未來！在教練的協助下，學著打開你的心靈，看到面前的機會，這可能會對你有幫助。

　　當人們發現自己生活在不完美的迷霧裡時，可能源於上述一個或者幾個原因。如果你在不停思考的時候仍沒有意識到內在世界發生的事，你就會發現自己在一團灰色迷霧中不斷旋轉。如果上述障礙中的任何一個（或者全部三個）對你來說是個挑戰，那麼，你要意識到它們因你而存在、活動、發展，只有你才能消除它們，這是很重要的。

　　好消息是，與一位體貼的同伴進行轉化式對話，運用有效的成果導向

教練技能，有助於你超越頭腦中的障礙。要做出內心的改變，你就要開始觀察自己的思維模式，尤其是阻礙你前進的習慣思維模式，並對此負起責任。

改變並不容易，但你只需在21～30天的時間裡集中精力、持續關注，就能改變一個習慣。有效的教練技能能為做出改變提供極大的幫助。要相信，你可以直接改變自己的習慣。觀察你的習慣和行為，承認你的舊習慣，在生活中貫徹成果導向的教練技能，你就會掌握一套有效的方式，超越舊有的情緒腦障礙。

貝克哈德公式

我們都擁有強大的超意識，超意識能幫助我們加速改變的過程。這個變革過程需要深刻的自我覺察和頓悟，需要實現全腦的有效配合，我們稱這個變革過程為「一致性的改變」。

理查‧貝克哈德（Richard Beckhard）是20世紀五六十年代組織發展領域的創始人。他與大衛‧格萊西（David Gleicher）提出了一個變革公式，用於描述組織發生改變的條件。這個公式同樣適用於個人的改變。

$$D \times V \times FS > RC$$

這個公式表明，要實現個人思維、家庭、組織、國家的真正改變，必須具備三個重要因素：

D（dissatisfaction，不滿）代表對當前狀況的不滿。（為了擴展這個公式，你也可以把D想成是當前狀態與你渴望的狀態，或你希望實現的狀態之間的差距；你還可以把D想成是你意識到的內心對改變的渴望。）

V（vision，願景）代表對未來狀態的期望，或對可能性的期待。（你也可以把V與你的願景的價值基礎聯繫起來。）

FS（first steps，第一步）代表邁向願景的積極行動步驟，以及採取行動的意願。

為了持續發生改變，上述三者的乘積必須大於RC（resistance to change），即當下對變革的抗拒。

抗拒變革是情緒腦的正常反應。情緒腦告訴我們要保持事物原來的樣子。對變革的抗拒可能來自我們自己，來自我們所在的社會團體，也可能來自其他因素。

D（不滿）、V（願景）和FS（第一步）這三個變數中每一個都可能十分強大，都可能引發改變，但要實現持久的改變則很困難。變革最大的

動力在於，三者都非常強大，而且結合在一起！

　　根據貝克哈德的變革公式，要克服對變革的抗拒，三個因素都要發生一定程度的作用。畢竟無論有多少其他因素，「x×0 = 0」是個基本數學原理。所以，如果D、V、FS這三個因素有任何一個是零，你就不可能採取行動或維繫改變。如果你在做出改變時遇到困難，你要做的第一件事就是，弄清是哪個因素的數值太低。為了克服對變革的抗拒，下面幾點是你需要的：

・對現狀不滿的感覺，改變現狀的真切願望和決心。

・以價值為基礎的、清晰強烈的願景。

・你願意邁出的明確可行的第一步。

　　幫助你實現改變的最佳方法之一，就是找到一位強大的成果導向教練。他能幫助你直接調整以上三個變數，幫你克服對變革的抗拒。

　　一位好教練能理解並會使用可靠的框架，先幫你探索宏觀願景（你頭腦中的目標和結果），然後聚焦於微觀願景，後者包括採取行動的第一步。轉化式對話的藝術開始於提出有力的開放式問題，讓一個人產生足夠的好奇心，把注意力轉移到難以抗拒的目標和願景上來。

　　教練還能幫助人們走出不完美的迷霧，掌握完成計畫或實現個人目標的四個不同階段——激勵、實施、價值整合和完成。其中每個階段都包含技能的培養，需要謹慎地選擇優先要務，或學習圍繞優先要務的組織過程。下一節將探索精通聚焦（mastery focus），這是轉化式改變和轉化式發展的重要關鍵。

內在的力量：
精通的四個階段

你認為精通只有少數人能實現嗎？想想你擁有的技能——走路、閱讀、烹飪及任何學術、體育或藝術技能，它們都有特定的學習過程。有些技能需要特定的發展階段才能達到精通的程度。你已經精通了很多技能，還有一些也離精通不遠了。

要實現對任何技能的精通，都要經過四個階段。每個階段都為你提供學習、獲得成就感、增強信心的機會。每個階段都是通往精通之路的關鍵步驟。

就像任何旅途一樣，如果你一開始就清楚每個階段會發生什麼，你就更有可能克服困難，完成旅途。任何值得做的事，你一開始都可能做得不好，繼續做下去，你將學會在失敗中前進。

第一階段：形成

在形成階段，你走出了「沒有改變」的區域。你停止重復舊的行為模式，開始形成新的可能性，如圖5-1所示。

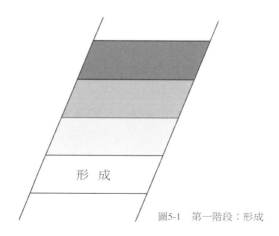

圖5-1　第一階段：形成

你心中閃現了靈感的火花。對於如何改變目前的狀況，你有了一個想法。令人激動的願景在你腦中漸漸展開。在通往精通之路的這個階段上，你可能在潛意識中認為自己無力應付即將到來的事。也就是說，你可能還沒有意識到採取行動實現目標、創造新行為模式的道路上會有什麼挑戰。請相信，這種「無知」的感覺是這個階段的一部分。

例如，你決定戒菸。你並不瞭解戒菸，因此對戒菸可能帶來的身體不適毫無準備。或者，你知道戒菸會導致身體不適，但中斷煙癮帶來的深層情緒反應讓你感到不舒服。又或者，你知道會有怎樣的身體和情緒反應，但你的朋友不但不幫助你戒菸，反而遞給你煙抽，這讓你感到很震驚。你如何應對這些意外和挑戰，正是精通之路上必經的部分。

這個階段的關鍵在於，當你真的決心實現一個目標時，確保讓激勵（以價值為基礎的願景）指引你，而不是讓絕望（「我再也受不了了」）指引你。當激勵指引你時，你就會對目標堅定不移。遇到困難時，你就會重新振作起來。受激勵鼓舞的人知道會遇到怎樣的困難，知道自己要付出怎樣的代價，也知道平衡點在於積極的價值觀。

第二階段：專注

當你開始實現自己的想法時，挑戰或障礙有時會讓你懷疑自己，或質疑自己的選擇。你會發現，實現目標的過程很困難，有些東西需要你充滿激情地去捍衛！你甚至可能開始想自己不該做這件事的理由。你的能量輸出會增加，任務會要求你投入全部的專注，學習新的東西。這就是第二階段，也就是「專注階段」的特點，如圖5-2所示。

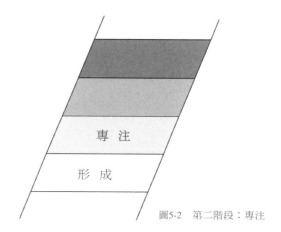

圖5-2　第二階段：專注

　　在專注階段，你開始有意識地認識到，自己有多麼不勝任，或者說，要實現自己的願景會遇到什麼挑戰（有意識的無能力）。在這個階段中，人們經常會放棄，因為他們的挫折感壓倒了對成功的期望。

　　經過專注階段的人，都學會了如何全神貫注和全心投入，以便實現自己的目標。保持專注需要一個人有清晰的願景和絕對的承諾，但有時候情緒腦會用恐懼籠罩我們。在這個階段，一位好教練會很有用，他可以為你提供幫助。如果你堅持自己的願景，就會在這個階段得到極大的成長。顯然，你對一件事瞭解得越少，學習、擴展和成長的機會就越大。

第三階段：動力

　　在第三階段，也就是動力階段，你已經保持了專注，採取了啟動計畫所需的措施。現在，你開始邁開腳步前進了。你已經創造、保持、擴展了新的行為模式。當你開始意識到與目標相關的任務變得越來越簡單時，你

就會知道，自己已經到達了動力階段。

　　在這個階段，儘管很多想法、技能和行動都能幫你實現目標，但它們仍然需要變成持久或習慣性的行為。你現在「有意識、有能力」了，但為了獲得好的結果，還需要專注於目標。你漸漸抵達了一個可以放鬆下來、信任自己的時刻，也能輕鬆保持動力了。我們稱這種狀態為「持續動力」。一旦能保持「持續動力」，你就達到了技能的新層次。

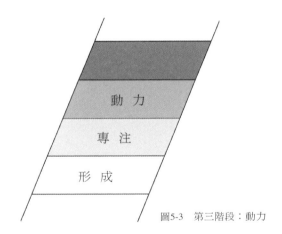

圖5-3　第三階段：動力

第四階段：精通

　　你已經猜到了，最後一個階段是精通！在第四個階段，思想、技能和行為都已經達成一致，並且根深蒂固（如圖5-4）。它們已經是你的習慣性行為，已經變得很熟練了。所以，保持這個習慣或完成計畫都變得很自然、很容易了。你已經擁有了這個技能或習慣。在這個階段，你體驗到了前所未有的改變和深刻的覺醒。進行這個大師遊戲時，你不僅僅是做了一

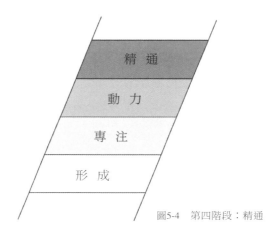

圖5-4　第四階段：精通

件不同的事——你，你自己，已經煥然一新、脫胎換骨了，你的生活已經永遠地改變了。

　　下面是一些可能出現的不同狀況：

・突破——迅速完成四個階段。
・穩定——穩定通過四個階段。
・平臺期——沒有上升也沒有下降。你在某一階段停留了很長時間，可能需要幫助。
・突發事件——在某個階段突然下降。這可能是因為新的因素進入了計畫，你需要讓自己重新進入高度專注的狀態。

　　無論你通往精通的路徑是怎樣的，你都會體驗到各種各樣的抗拒。在專注階段，當你走出自己的舒適區、進入未知領域的時候，抗拒實際上是

這個過程必需的——你可能已經料到它會出現了。你可能痛苦地意識到，
要實現目標是多麼的困難。你很容易屈服於以下誘惑——放慢速度、欺騙
自己（為自己找出不再努力的正當理由，但很快你就會發現這個理由是多
麼可笑）、抄近路、放棄、降低期望值或不再努力。這些形式的抗拒都會
導致你功虧一簣。

　　我們能預見到路途中會有抗拒出現，但它不該成為獲得成功的阻礙。
跨越抗拒的關鍵是意識到自己在經歷抗拒，有意識地選擇接納當下的感
受，釋放這些感受，在頭腦中創建精通的狀態。當你以精通大師的形象站
在思維系統中，為了實現夢想不惜付出一切時，儘管還有抗拒的感覺，你
也會幫助自己朝願景前進。一位好教練能夠提供這種幫助。

　　下一章將探索跨越抗拒或面對恐懼思維時需要開啟的四扇大門。我們
將詳細介紹繼續前進的多種策略。它們將向你展示如何跨越小妖思維，帶
著精通的思想狀態通過這些大門。

練習：精通思維本源

　　下面是一個絕佳的練習，你可以利用它開始探索精通思維的本源，使之成為你的內在技能。

　　選擇一個你下定決心明年要完成的目標。為了達到這個練習的目的，假裝你已經到達了旅程的終點，完成了實現目標的所有步驟。

　　想像你已經過所有激勵、實施、價值整合和完成這四個階段，你已經獲得了期望在這個領域實現的東西。比如，你已經成功戒菸，過上了健康的生活；或者，你已經開創了自己的公司，現在進展非常順利；或者，你通過聆聽學會了彈鋼琴；或者，你通過定期的鍛煉，擁有了更多的活力和能量；又或者，你積攢了足夠的錢用來投資，確保未來的生活無憂無慮。你能不能想像出實現目標後的關鍵圖景呢？多花一點時間，讓這幅圖景在你的腦中變得更清晰、更生動。

　　・你看上去是什麼樣子？
　　・你在對自己說什麼？
　　・你的朋友和家人對你說了些什麼？
　　・你的感覺怎麼樣？

　　從成功者的角度，花一點時間看看自己成功之路上的關鍵點。從大師般的精通的角度，回頭看看你經歷的所有階段，一個一個地看。你會看到，自己正在培養關鍵的內在技能。這些技能會幫助你走完全程，甚至讓你享受每個階段。

形成

在這個階段，你堅持了某些東西。下決心追求它時，你對自己說了什麼呢？現在，重複你對自己說的句子：「我是＿＿＿＿＿＿。」「我重視＿＿＿＿＿＿。」「我可以＿＿＿＿＿。」「我將＿＿＿＿＿＿。」你在這個階段的感覺怎麼樣？你採取了什麼行動來幫助自己？是什麼幫你進入了下一個階段？

專注

在這個階段，你在壓力下發展技能，面對挑戰時堅持目標。即使你還不太確定自己在做什麼，你仍在繼續努力前進。

- 注意：專注階段意味著你堅定前進。
- 這個階段裡什麼是最重要的？
- 在這個階段，你如何保持專注？
- 你採取了什麼行動來幫助自己？
- 是什麼幫你進入了下一個階段？

動力

在這個階段，事情變得更容易也更有趣了。你開始有了變化，展示出自己可以在這個領域養成習慣、形成技能。你持續向他人展示，隨著時間的推移，你能夠取得成功。

- 在這個階段，你如何讓自己保持強大，保持動力？

・你採取了什麼行動來幫助自己？

・你怎麼知道自己已經準備好進入下一個階段了？

精通

　　在這個階段，你自然輕鬆地展示了持久性。你不再強調做事或克服困難，而是處於放鬆的狀態，更多聚焦於過去和未來的狀態。這是一個智慧、流暢和掌控的綜合境界。

・在這個階段你的感覺怎麼樣？

・你採取了什麼行動來保持精通？

・當你保持精通的思想狀態時，你變成了什麼樣子？

・是什麼幫助了你並將繼續幫助你保持這種狀態？

　　現在，反過來做這個練習。回到當下，你還沒有開始邁向目標，還沒有想像通往精通之路。在關於每個階段的簡短（5秒鐘左右）「電影」中，你要看到自己擁有了最大的能力，自然輕鬆地克服了所有障礙，高效地通過並享受每個階段。

　　在第一個階段（形成），高調向世界宣佈你將進行大師遊戲，想像自己培養出精通這個遊戲的能力。

　　在第二個階段（專注），想像自己正在培養思維、行動和內在的自制能力。你需要自制能力來維繫自己，來通過艱難的學習環節。

　　在第三個階段（動力），看見自己「處於這個區域」。即使你想要停下來去找點樂子，也會對持久模式保持長時間的關注。

在第四個階段（精通），看見所有真正的大師的精通品質都已經顯現並被強化。注意自己散發出了精通的品質。注意這些品質如何成為你身上持久的品質。體驗自然流露的歡樂，深深感激你一路上的經歷。

你知道，在你經歷過這些階段後，你最終會達到大師的精通階段。想要現在就成為大師，你需要做些什麼呢？宣佈你要體驗內心大師之旅，你需要付出什麼代價？你現在就會宣佈嗎？

花一點時間，看看自己優雅、擁有技能和能力的樣子。你內心的一束亮光穿越了所有階段，一直通向你的未來。

| 第六章 |

抗拒和
四道小妖之門

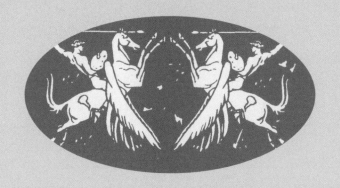

你不能教給別人什麼。
你只能幫他發現他已經擁有的東西。

——伽利略（Galileo）

什麼是身心一致？

　　任何人做事時都會收到積極和消極兩方面的回饋。如果將其整合、運用到行動中，當強大的內在或外在壓力試圖讓你分心、改變、偏離計畫時，你就會堅持自己的目標和價值觀。在艱難的內在和外在挑戰面前，身心一致常常需要我們非凡的聚焦能力和履行承諾的能力。國會選舉最後幾周發生在亞伯拉罕‧林肯（Abraham Lincoln）身上的趣事就是一個很好的例子。

　　在競選的最後幾周，雙方競爭非常激烈，但林肯所在黨派的宣傳費和出行經費已經基本花光了。林肯的支持者和助手都在想方設法節省開支，合理利用僅剩的一點資金。而林肯的競爭對手很富有，他們在報紙上刊登了全版廣告，還在許多城市組織了競選集會。

　　一位富豪表示，他願意為林肯繼續競選提供必要的資金。他來到林肯所在政黨的總部，很快被請進了林肯的辦公室。門關上了，林肯的支持者們聚在門外，期盼著能有最好的結果。每個人都希望這位富豪能提供讓林肯最後一搏、贏得競選所需的資金。

　　突然，門開了，這位富豪匆匆地離開了。他低著頭，拳頭緊握。林肯從辦公室走了出來，臉上的表情很難看。他的支持者們問：「發生了什麼事？」林肯用不自然的語調說：「每個人都有出賣自己的價格。這位先生差點就把我收買了。」

　　衝突出現時，清楚你的最高意願和與之相連的一致性，是做出真正有價值的選擇的關鍵。

小妖習慣及其工作原理

在朝著目標和願景努力時，身心一致一直在幫助你有效達成目標。我們可能會發現，在計畫的某個階段，身心一致在召喚我們，讓我們擁有了採取必要行動、邁向下一階段的能力。然而在下一階段，內心的評論和恐懼的聲音會讓我們分心，阻礙我們帶著意願和身心的一致性前進。

小妖是一種恐懼的習慣，一種意識或潛意識內在對話的特殊框架，一種似乎能自動運作的內在習慣或感覺。小妖的出現會阻止你在計畫的某個特定階段採取行動。它還會用「否定」的方式搞暗中破壞，阻止你完成計畫。

「小妖」這個詞很有用，我們可以用這個詞描述和總結關鍵的恐懼習慣與自我評價。正是這些恐懼習慣和自我評價阻止了你實現心中的願望。理解小妖作為內心的故事或單獨的習慣是怎麼運作的，將為你提供優勢，有助於你繞過小妖。

說實話，我們都會時不時產生小妖想法。即便我們內心已經做好了準備，那些基於過去經驗和結論形成的憤世嫉俗、自我限制的舊習慣，仍會掌控我們思想的某些區域。好消息是，我們無須被小妖俘虜。與訓練有素的夥伴進行轉化式對話，就可以成功扭轉強大的小妖假設，削弱乃至完全清除小妖的力量。我們將學著重新聚焦，支持自己的價值。

我們心中的小妖常常關注時間和精力問題。其實，這些問題都只有相對價值。我們可能已經形成了內在的批判思維。它們會在計畫的很多階段評頭論足，嘲諷我們努力的價值。有時候，這些內心評論會帶著挑戰和挑釁的語調，要求或請求我們抗拒下一步行動。

為小妖命名是進入深層改變的有效方式。在你遇到一個小妖並詢問它的合理性後，你就獲得了超越小妖的價值系統賦予你的智慧和經驗。更多

的東西將展現在你的面前。帶著新訊息和更深刻的內心承諾，你將在更深的層次上繼續自己的追尋目標之旅。

　　在任何計畫中，都可能出現小妖的四個關鍵層次。

對夢想的恐懼

　　在我們許多人心中，小妖藏在完成計畫之路的每個角落和每道門中。花一點時間，想一想第四章提到的完成計畫的四個階段。在我們繼續下一步之前，想一想你生活中的一個重要計畫。

　　在計畫的初始階段，也就是激勵階段（見圖6-1），有些人就會遇到強大的小妖。他們甚至不敢想一下自己的夢想。這些人可能覺得自己缺乏天賦和智慧，根本無法開始做重要的事。他們消極地把自己和他人的才智作對比。他們貶低生活中的可能性，但願這些事不會發生。

　　這些人可能是害怕生活會再次令他們失望！過去失敗的經歷已經內化成了他們拖延的習慣。在這個習慣的控制下，他們甚至不敢想像事情發生的可能性。我們把這種小妖習慣稱為「對夢想的恐懼」。

　　遇到這種小妖的人會習慣性地創造出或聯想到自己的小電影，看到自己在開始追求夢想後遇到困難，或感到絕望，或走投無路。這些絕望和走投無路的情景對他們來說非常真實（「要是＿＿＿＿＿＿＿＿發生了怎麼辦？」），從他們的角度看，未來絕望的情景好像已經發生了。對他們來說，夢想變得令人恐懼。比起直面和分享內心的真相，保持對夢想的迷茫讓他們感覺更舒服。這道小妖之門註定是失敗的場景。

　　在這種情況下，變革的貝克哈德公式（見第五章）中「願景」的因素是無效的。在第一道小妖之門受挫的人需要愛的幫助，幫助他們發現自

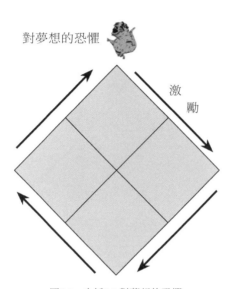

對夢想的恐懼

激
勵

圖6-1　小妖1：對夢想的恐懼

己真正的願景，並且開始信任這個願景。與訓練有素的對話夥伴或教練一起努力，就能清除這個舊有恐懼系統周圍的負面活動。人們常常驚訝地發現，他們這麼快就能聚焦於自己的夢想，並學會了實現夢想。

對失敗的恐懼：受害者認同

　　有些人很容易被激勵，能採取行動追尋自己的夢想，但在實施時會遇到困難。或者，他們發現很難安排優先要務，無法有效地使計畫繼續下去。

　　這些習慣產生了聚集在實施階段的小妖。他們或許已經塑造了這個小妖的特定形象，即「對失敗的恐懼」。有時，它也被稱為「受害者認

同」。如圖6-2所示。

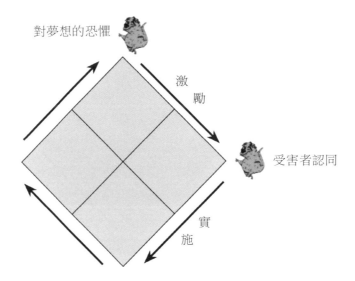

對夢想的恐懼

激勵

受害者認同

實施

圖6-2 小妖2：對失敗的恐懼（受害者認同）

如果一個人清楚記得自己過去的失敗經歷，受害者認同的小妖就會對實施階段造成阻礙。他們聽到內心的批評之聲在說，他們會失敗。這個聲音還常常消極地讓他們把自己的能力、計畫、策略和資源與他人作比較。這個聲音可能會強調說，如果他們繼續朝著目標努力，失敗是無法避免的。

面對這道小妖之門的人是自身思想的受害者。小妖利用他們認為自己缺乏資源、能力、技能的想法和信念在搞破壞。他們需要建立內在的自信，堅信自己能夠實現夢想。

如果聽信這隻小妖，你會想些什麼呢？「我這樣的人永遠不可能辦

成這件事，因為……我太黑了／太白了，太胖了／太瘦了，太窮了，太笨了，學歷太低了／學歷太高了，我是男的／我是女的。我做錯了，因為我是個錯誤，我沒有能力，我是受害者。我做不到。」

這些人需要探索他們的內在價值和能力，需要圍繞正面意象和成果導向的思維模式創造出清晰的畫面。他們需要循序漸進地瞭解和組織自己的意願。他們需要聚焦於自己即將成為的樣子，而不是聚焦於克服困難這種低能量的工作。要聚焦於「成為」而不是「克服」，他們還需要做一個微觀的想像練習，看自己通過一步一步的細緻行動實現了什麼。這會幫助他們很好地完成目標，讓他們在必要時為困難步驟做出應急計畫。

一位知道如何克服這種小妖的教練，能幫助客戶有效地進行視覺化想像，設計完成計畫的每個步驟。與必要的能力形成內在連接並全身心投入，有助於人們去獲得、去做、去成為他們夢想中的樣子。

對激怒他人的恐懼：系統認同

當我們繼續計畫或夢想下一階段的時候，也可能出現其他強大的小妖系統。在這個階段，它們往往藏得更好，更難被發現。一旦人們獲得了一定程度的成功，他們就會從周圍的小妖系統收到回饋和鼓勵，鼓勵他們保持現狀。人們之所以決定認同這個系統，是為了獲得安全感。小妖隱含的信息是：「不要改變，不要變革。」它的訊息也可能是：「如果你按我們的方式去做，我們就幫助你獲得成功。否則，我們就拋棄你。」

人們在學習和發展的階段，如果把信仰或信念主要寄託在情感支持系統上，害怕別人的不滿意或拒絕，小妖就會變強，如圖6-3所示。這種特別複雜的小妖被稱為「系統認同」。隨著人們認同的系統不同，小妖可以

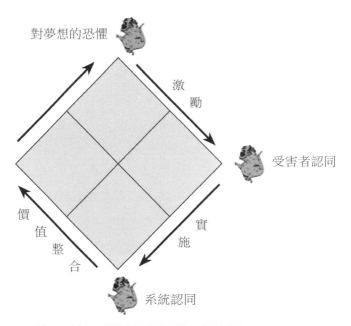

圖6-3　小妖3：對激怒他人的恐懼（系統認同）

呈現出多種形態。它也是我們文化裡主要的一種小妖。當人們剛剛開始成功的時候，這種小妖就會扼殺他們的個人創造力。

　　小妖阻止我們成功的另一種方式是，提供一個讓我們感到羞恥和自責的核心點。通過這種方式，這個系統或系統裡特定的個人或群體被迫為一切阻礙負責。這就導致人們無法走出計畫最初的設想階段，不敢深化自己的承諾，更別說把計畫推進到下一個階段或完成計畫了。因為他們之外的「系統」阻止了他們這樣做。

　　諸如「這個我做不到，因為我所處的文化、政府、組織、家庭、關係有缺陷」的想法吸引了人們的注意，使他們陷入了批判性觀察或「等等

看」的模式。人們寧願證明自己這種想法是對的，也不願意獲取自己想要
的結果。

「照顧孩子用光了我所有的時間。我做不到，因為丈夫不會幫我。
這不是我的錯，他們阻止了我，他們有能力這麼做。」人們用思想和信念
束縛了自己，他們因為一些表面上看似阻礙了自己的東西而指責外在環境
（或外在世界的事件）。這個人在面對社會和自己的生活時再一次感到無
力。

這些人需要聚焦、尋找、探索他們能掌控的東西。如果我們能控制我
們生命中的更高價值和深層意義，這會為我們重新前進提供動力。否則，
即使是在成功的時刻，他們真正的自我也會一直被封凍起來，被隱藏在不
滿、怨恨和遊離之下。

系統認同會導致全面的沮喪、批判、放棄甚至傲慢。雖然這聽起來有
些極端，但當一個人認同了自己經歷的抗拒系統時，他們就可能因隱忍而
變得傲慢，這是一種自我否定的形式。

被這道小妖之門困住的人，可以與自己真正的個人價值連接起來，從
而突破局限而狹隘的系統意識。通過這道門後，他們將再一次聚焦於自己
真正想要的東西。

對衝突的恐懼：衝突認同

最後，在第四道小妖之門前面，還有最後一項重大挑戰——對衝突的
恐懼。這就是「衝突認同」的小妖，如圖6-4所示。

像所有的小妖之門一樣，第四個小妖也具有多面性。很多人可以説出
自己真正的價值觀，但是當別人看上去受了傷害，或是別人説會因為他們

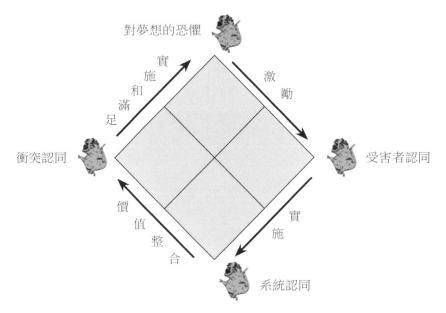

圖6-4　小妖4：對衝突的恐懼（衝突認同）

獨立的言論而受傷時，他們就沉默了。比如，可能有這樣一位母親，她一輩子都在堅忍地養育孩子。將自己幸福、獨立的生活自由與母親、貧乏的機會和選擇相比，她的孩子可能會害怕，當他在母親面前表現出自己的獨立思考時，自己內心會產生衝突。畢竟，母親一直是他的榜樣。他不希望自己的內心產生衝突，因為在某種程度上，他還沒有培養出獨立生活的能力。「母親可能不高興」成了他前進道路上的瓶頸。在某個領域的停滯可能導致生活其他領域的停滯不前，進而阻礙所有願景的實現。

　　小妖之門還有另一個障礙──誘惑，誘惑我們以犧牲進度為代價，來處理時間管理和優先要務管理之間的衝突。我們注意的範圍變窄了，以至

於我們只能看見衝突和後退的道路。我們選擇了後退。我們想要安全，因此猶豫不決，無法向前邁進。恰恰相反的是，我們進入了充滿不合時宜的舊習慣和過時結論的壓力區。我們找不到時間，無法完成對自己來說重要的事。

衝突阻礙了我們實現內在聯合。這種聯合就像是運河水閘的水平面。它必須慢慢抬升，以便讓船前進。為了完成下一階段，你內心的小船會慢慢抬升，超過了舊有的抽離狀態，達到了真正整合的水準線。這是一個完整的系統，因此人們行動時需要從身心的一致性出發。

只有當我們向自己的核心價值承諾，學會帶著身心的一致性勇敢前進時，我們才能戰勝並超越這個小妖系統。當人們抱著堅定信念要實現內心的一致性，實現與自身價值觀的聯合時，他們就開始以一種全新方式生活了。

當人們走過第四道小妖之門時，他們就把內心的衝突甩在了身後。他們通過堅持自己真正的價值觀，培養了一種全新的獨立能力。當我們在舊有認同之上找到一個強大的教練位置時，我們就能漸漸擺脫各種觀點的衝突，不再受到它們的影響。

隨著我們加快構建身心的一致性，內心負面對話就會開始減弱。這就讓我們提出了一個問題：「我能傳承什麼給後人？」我們可以心懷前進的強烈願景來回答這個問題。我們這時的目標就是把領導式的奉獻最大化，為自己和他人播下未來成長的種子。

在第四個聚焦一致的階段，一個人就超越了內心優先要務的衝突、時間的衝突、自我表達的衝突，以及所有令人羞恥或恐嚇式的內在對話。你見過俄羅斯套娃嗎？套娃一層套一層，一共有很多層。如果我們的計畫是

設計一個四層的俄羅斯套娃，那我們終於到達整合四個層次的學習成果，準備變成最大套娃的時刻了。你可以大大地鬆一口氣了！

這時，人們才能真正開始體驗到高度的自我信任和內在滿足感。你的成果是一份有意義的遺產，可以傳承後人，也可以當作禮物贈與他人。這是真正的內在、外在領導者的領域。

當人們繼續運用教練技能，去超越舊有的小妖系統和實現更大的目標時，結果是令人驚歎的。在與第四個小妖的角逐中獲勝的人，重新獲得了內在的聯合，重新與價值觀和內心願景取得了深層連接。他們還會發現真正奉獻的快樂。當他們能有效面對並處理自己和他人的不滿與挫折感時，他們就成了真正的領導者，能鼓舞周圍所有的人。獲得關於身心一致的幫助的人，很快又開始幫助其他人。他們就像航標一樣，指引其他人免於恐懼，獲得獨立。他們就像磁極一樣，吸引每個人更加信任自己和自己的目標，增強人們對自己學習和成長能力的信心。

消除了衝突造成的停滯不前，我們就可能完成自己當初設想的計畫。我們可以慶祝成功了。基於微小負面評價的小妖系統不會再對我們的注意力和意願構成干擾了。我們有可能超越自己以往的經驗，發展出強大而持久的價值觀，為我們的生活增加許多歡樂。我們可以自由地前行，加速我們的領導力之旅。我們成了獨立的價值創造者。

處理小妖問題

　　這裡簡要描述了小妖系統信念的特性，介紹了如何通過轉化式對話清除小妖。關於小妖之門和如何積極處理小妖問題，本系列的後續著作將提供更多的細節，《教練的藝術與科學》專業教練培訓課堂也會提供相關練習。

　　重要的是，你要知道，當你瞭解了自己的大腦─思維系統，瞭解了自己的深層價值和承諾之後，馴服小妖或與小妖建立聯繫就是有可能的，這在很多情況下是很容易做到的。作為在旅途上的人，我們在探索自己的價值觀時，既要投入（進入它們的內部）也要抽離（觀看自己表演的小電影）。這樣，我們才能弄清方向，獲得力量。

　　帶著注意力和意願，我們可以輕鬆地超越小妖的力量。通過運用注意力和鎖定意願的過程，聚焦於清晰而有價值的目標，你可以與自己的目標重新建立連接。通過承諾和練習，你可以有效地與目標連接起來。

　　第一次遇到小妖時，你可能感受到了很大的前進阻力。不過你一旦瞭解了抗拒的力量，就能用自己大「H」的品質戰勝它們。這些品質就是幽默（Humor）、謙卑（Humility）和慈悲（Humanity）。

小妖思維領域中的變革公式

　　回憶一下第五章的貝克哈德公式：D × V × FS > RC。你記得嗎？三個因素都必須大於零，才能克服對變革的抗拒。要實現積極的改變，你需要具備對現狀的不滿、對理想未來狀態的願景和踏出嘗試的第一步。這些因素必須大於目前對變革的抗拒，這個抗拒來自情緒腦的習慣模式。我們應該如何利用變革公式來克服小妖思維呢？

　　對現狀的不滿可能表現為頭腦裡的一個小聲音，或者一種感覺。我稱之為「神聖的不滿」。這可能表現為，你意識到了舊有的負面情感正在讓你放慢實現願望的速度。不滿會讓你產生一種想「逃離」現狀的感覺。「逃離」的能量遠遠不足以讓你感到滿意，也不足以帶來持久的改變。

　　記住：無論你專注於什麼，必將獲得更多。一旦意識到什麼是你不想要的，就迅速將你的專注轉向你想要的東西上，感受那種感覺，感受現在就擁有它的真正價值。

　　當你認識到自己的不滿只是鏡子的背面，召喚你前進的願景和價值觀才是鏡子的正面，一切就會發生改變。你可以開始利用小妖思維系統，把內心的目標與生活的信念相連。你會逐漸意識到，整個系統運作時，對身心一致和緊密相連的需求非常強烈。

　　小妖的恐懼可以變成你旅程中的積極因素。就像在英雄之旅中一樣，你可以利用內心的惡魔，利用它們的力量幫你獲得想要的東西。你還可以做得更多──和小妖交朋友，讓小妖變成警示，最終把小妖變成你生活中的智慧導師。

　　像著名的禪宗大師一樣，你終於抓到了牛，現在可以興高采烈地騎牛回家了。你掌控了最可怕的舊有習慣系統，可以把內心的批評家變成得力的助手了。

日常自我教練的力量

讓我們完成我們的旅程，總結一下前兩章中的進階要點。要堅定地完成重要的目標和計畫，你需要將變革公式中的三個因素相結合，也需要瞭解你的個人批評工廠，即你內心中抗拒改變的小妖。花幾分鐘時間，評估一下你擁有的資源。

為了實現生活中的願望，你必須知道自己當前的狀態，以及你希望達到的狀態。想像一下，一隻螞蟻趴在大象的前腳上。如果螞蟻不知道大象要去哪裡，它就可能直接被大象的後腳踩中，或是掉到路邊。

以價值觀為基礎的願景讓你看到目標和理想狀態，引領你飽含熱情地追求自己想要的東西，而不是逃離不想要的絕望狀態。如果那只螞蟻環顧四周尋找要去的方向，它就可以輕鬆地離開象腳，避開任何危險。願景為我們指示前進的方向，為我們照亮道路。如果螞蟻看見了可以前往的安全地帶，那個目標就會為它指引方向。這比只逃離危險要好多了。

缺乏不滿的願景不能為你提供行動所需的能量。缺乏願景的不滿則會讓你失去行動的方向，無法獲得持久的成果。

如果你要朝著願景努力，邁出清晰可行的第一步是很重要的。這是旅程的開端。如果螞蟻因為不知道應該朝哪裡去，或為第一步踏向哪裡而猶豫不決，它就可能被大象踩扁。為了縮短現在狀態和理想狀態之間的距離，你必須前進。只要每次邁出一小步，你就會發現，改變的道路並沒有你想的那麼漫長。重要的是，你要知道不需要強迫自己或狂熱地驅動自己。那種維持意志力的想法伴隨著內心的聲音，像士兵那樣遵守「是─不是」「衝鋒─撤退」的命令，是你舊有的情緒模式。實際上，正是這個內心的聲音帶來了受害者認同和自我破壞。

當你抱有清晰的願景、激勵和真實的意願前進時，自然能學會轉動改

變的齒輪。你獲得了有效完成目標所需的想像力技能，能在正確的時間使用正確的力量，追求正確的目標。這包括了明悟的內心和清晰的交流。這樣，他人才能瞭解你、幫助你。

　　建立在負面思維之上的舊有情緒習慣系統，可以用叢林來打個比方。如果你的思想是一片遍佈倒落的樹木、蔓藤、沼澤和流沙的叢林，你可能會問：「怎樣才能找到內心的泰山①？」轉化式對話會帶你蕩上靈魂的樹梢，來到一片視野清晰的地方。你會看見一條有價值的小徑，你抓著樹藤蕩過去，就能擺脫那些小妖。

　　在轉化式對話中，提出一些強有力的問題，可以幫助人們蕩上自己的樹梢，體驗自己願景的明亮和溫暖。像泰山一樣，他們可以借助自己的戰略焦點、強烈的好奇心和讚賞，蕩向他們的目標。他們因為看清了最佳的前進方向和自己的行動步伐而變得靈敏。他們蕩到了叢林的高處，看清了最佳前進路線，因此能迅速穿越或繞過它們。

　　在遇到他人情緒化的顧慮時，最重要的一點是你要記得，目標對他們來說大得不可思議，像一頭大象一樣擋住了他們。為了前進，這個人需要把目標細化成一個一個小目標。當人們擁有很大的願望時，鼓勵他們一步一步去實現。吞掉整頭大象的方法是一小口一小口地吃。

　　你的目標實現之速緩慢但你仍堅定地前進，保持關注直到你獲得真正的動力。你可以堅持培養關注和保持動力的能力，這種能力就像一塊需要鍛煉的肌肉。

---

① 「泰山」是西方文學裡一個經典形象，1912年隨《人猿泰山》（ *Tarzan of the Apes* ）的出版首次與讀者見面，而後出現在許多動畫和電影中。──譯者注

我們能自己做出改變嗎？

這是一個非常重要的問題。通過轉化式對話，你提升了發展一致性和實現重要目標的能力。這種談話可能是在內心與自己的對話，也可能是你與朋友、親戚、陌生人或成果導向教練的對話。越是從小目標開始並完成目標，你完成目標的肌肉就會越強健。

教練空間是這樣的：在這裡有關心你的人，幫助你弄清自己想要什麼，幫助你明確如何實現它，讓你在這個計畫裡走得更遠，使你的目標變得更有意義，幫助你最終獲得令人滿意的結果。當他人為你撐起一個教練空間時，你就擁有了一股強大的磁力，吸引你去珍視自己的目標，並竭盡全力去實現它。

轉化式對話意味著什麼

在自我發展之旅中，轉化式對話是一種方法，讓你幫助自己和他人變得更和諧、更有目標。這個遊戲的目的是讓人擁有更多、成為更多、做得更多，擁有更加鮮活的生命，追求生活中更多的機會和更深的承諾。在當今世界上，我們擁有變得偉大的能力和機會，同時也有摧毀自己的能力，這使得變革式對話顯得更為重要。

轉化式對話是一種方法，人們通過這種方法開始玩更大的遊戲，按照內心的真相去生活，同時幫助他人做到這一點。要培養進行這種關鍵對話的能力，你需要開始觀察自己的行為模式，特別是舊有的習慣思維。這些思維可能存在於意識或潛意識中，阻礙了你體驗最高的真理。

轉化式對話幫助你跨越內心的叢林，進入生活計畫的下一個階段。在對話中，你會發現，那些限制和阻礙都是你自己強加給自己的。或者，你會從情緒障礙中覺醒過來，轉而朝自己真正的核心價值前進，迅速遠離你加諸自身的混亂訊息。這種對話可能是每週固定進行的教練對話，要持續幾個月甚至幾年時間。通過這些對話，為你繞過小妖思維的舊習慣模式邁出了第一步。為了培養自己的領導能力，直到留下真正的傳承，你需要聚焦。

下面是一個有趣的問題：「在和他人的關係中，我們是什麼樣的人？」當承諾進行轉化式對話時，你就會逐漸培養出與他人開放式的交流模式，無論是個人行為還是專業行為都是如此。通過教練的交流方式，你能幫助自己和他人走出小妖思維、情緒幻覺、限制性信念，活力十足地朝著完成重要計畫前進。

練習：回饋VS失敗

理解「對失敗的恐懼」這只小妖，是件很有用的事。這只小妖常常擋在實施階段的門口。這個簡短的練習能讓你通過一些清晰簡單的步驟，迅速超越「對失敗的恐懼」這只小妖，獲得內在回饋方式帶來的明晰思想。

我們把獲得這種明晰思想的人稱為天才，儘管他們常常自謙說，他們的成就源於堅持和好奇心。湯瑪斯·愛迪生在發明持久耐用的電燈的過程中做了幾百次實驗。如果他當時相信了失敗模式，他的好奇心和堅持就會蕩然無存。幫助他取得突破的是他精心製作的回饋圖表。圖表上標注了他過去的嘗試，幫助瞭哪些金屬和材料不合適，為他提供了很多有用的訊息。

回饋模式VS失敗模式

在下面這個表格中，右欄是世界上許多文化中普遍存在的思維模式，即一個人從孩提時代起就從父母、兄弟、姐妹、老師那裡學到的思維模式。這些步驟很簡單，你可能早就知道了。

首先，注意到某件事出了差錯。我們立刻會問：「出錯是誰的責任？」不管發現責任在誰，是自己還是別人，我們都會提出一個讓自己思路變狹隘的問題：「為什麼？」

回饋模式	失敗模式
結果：你想要什麼？	問題：出了什麼差錯？
回饋：你要如何學習？	失敗：這是誰的錯？
如何：這是如何發生的？	為何：為什麼會發生這種事？
機會：這如何成為一次機會？	限制：它如何限制了你？

　　請注意，這個「為什麼」並不是問「為什麼這是有價值的」。我們不會問為什麼某件事對我們來說是真正重要的。我們問「為什麼」的時候，後面都會跟著一個「因為……」或是一段故事。「為什麼—因為」這個公式引導人們向內心探索原因，結果往往發現是個人的失敗。如果你有興趣積攢個人失敗的故事——包括你自己或其他倒楣蛋失敗的故事，那麼「為什麼—因為」將是一個好問題。這個問題會導致我們陷入無窮無盡（並且毫無目的）的推理和辯解，而且會一直持續下去。為什麼會發生這種事？因為我沒有用，我永遠做不對，我總是犯錯。這種形式化的內在對話常常誘發過去的內心恐懼，而這種恐懼有強大的力量，產生的結果會牢固地附著在舊有的負面習慣上。傾聽這種聲音時，我們就會得出狹隘的結論。這種結論限制了我們的選擇，也限制了我們自己。

　　現在，看一看表格左欄的回饋策略。我們可以看到一個由四步構成的策略。它通過開放式問題引導人們獲得了完全不同、非常有益的結果。我們還用上面「失敗模式」的情況來舉例。「回饋」策略從一開始就立即進入了成果導向的軌道。第一個問題是：「發生了什麼事？」然後問：「這裡有什麼回饋？」這個問題能培養你的好奇心，幫助你聚焦。它會把你的注意力轉向外界的事件和結果，找出下一個可以採取的措施。這就引出了下一個問題：「怎麼做？」這個積極探索的問題能帶我們走得更遠，帶我們進入發展性的探索。「這是如何發生的？我們如何研究它的結果？下一次我們怎麼才能採取不同的做法？」

　　這通常能帶我們走出看似窘迫的局面，帶來一個積極探索的機會。原有的障礙變成了機遇，將幫助我們取得更大的成功。

回饋VS失敗練習

有一個很好的方法可以分析釐清這個表格，即列出你過去生活中1～3件失敗的事。想想過去被你或別人標記為失敗的事——學業、事業、生意、婚姻，或者類似的事。列出清單之後，花一點時間想一下你是怎麼做的。大部分人在捫心自問失敗之處時，會傾向於投入過去的經驗，跳進那件事裡去，從身體上再經歷一遍失敗。我們會注意到當時自己的感受，並重新感覺到過去身體的緊張和困擾。

如果我們學會一個一個地提問題：「我從中學到了什麼？通過我學到的東西，有什麼事我永遠都不會再去做了？」我們的回應可能相當不一樣。這些問題就像魔法一樣，能幫我們遠離負面心態，用學習的框架看待每種情況。看待這些事情時，要從中汲取積極的經驗，注意你在以後的事件中是如何利用這些經驗的。確保你注意到了這些知識是如何積累起來，最終讓你擁有了如今的智慧和自信。

在你探索完這些問題之後，請按照表格中回饋模式的步驟審視這些事件。每次提出一個問題，認真思考，循序漸進，直到你明白了這件事如何為自己提供了學習和成長的機會。這個方法能有效地中和小妖思維，特別是當你進行獨立思考、不與自己或他人作比較的時候。我們都有內在的學習之旅，這些問題能讓我們帶著從經歷中收穫的智慧和尊嚴慶祝自己的成果。

一步一步地完成練習，根據實際情況調整自己行進的方向，在不同事件和情境中審視你的回饋模式或失敗模式的習慣。這個練習是本書中最有效的練習之一。如果繼續深入，你就會從中獲得更多的收益。完成這個練習後，捫心自問：我要怎樣進一步運用從這個練習中獲得的訊息？這對我的生活有什麼長遠意義？這個訊息如何幫助我更有效地服務他人？

第七章

基本焦點：
與原則為伴

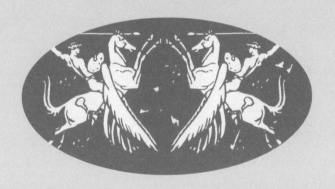

與我們心中的事物相比，
我們眼前和身後的事物都是微不足道的。
　　　　——拉爾夫・瓦爾多・愛默生
　　　　　（Ralph Waldo Emerson）

床底下的孟加拉虎

轉化式對話幫助人們按照自己的想法生活，幫助人們實現自身最高的願景。這就需要以一種特定的方式思考人類本身，思考每個人是如何理解這個世界的。溝通高手做的事和對他人的貢獻體現了一些品質，而這些品質往往是由他們的處事原則決定的。

轉化式對話是由一系列強大的原則構成的。正是這一點使得米爾頓‧埃里克森的工作如此出色。他與人交流時遵循的原則，體現了他對人類現狀和個人世界觀的尊重。下面的故事是一個很好的例子，展示了埃里克森是如何利用想像力和幽默與人交流的。

埃里克森患有小兒麻痹症，40多年來一直忍受肌肉痙攣的痛苦。他瞭解這種痛苦，也知道如何利用視覺化思維來應對痛苦。一位處於癌症後期、忍受巨大痛苦的女士曾向埃里克森求助，說她不想吃止痛藥，因為她覺得那會抑制她的創造力。

埃里克森回答說：「夫人，這很簡單。你自己就可以做到，只需要練習一會兒就行。假裝你這會兒聽到門口有輕微的動靜，你的門是半開著的。你抬起頭來，看到一隻巨大的孟加拉虎走進你的屋子。它正盯著你，肌肉緊繃，準備撲過來。現在，告訴我，當你想著這只老虎的時候，你感覺到疼了嗎？」

「沒有，可為什麼呢？」這位女士驚訝地說。在接下來的一個月裡，直到她去世，她都利用視覺化思維和類似的有效方法來抑制疼痛。他人問她疼不疼時，她只是簡單地回答說：「我應付得不錯。我只是把一隻巨大的孟加拉虎藏在了床底下。」

埃里克森的
五個基本原則

　　我希望你把這裡介紹的埃里克森原則應用到談話中，仔細聆聽、積極回應。這些原則提供了一個像孟加拉虎一樣的「透鏡」。通過這個透鏡，你可以改變自己對當下生活的認知的品質。這些原則的作用是設置你的體驗。它們提供了一個有效的行動價值系統，幫助你和他人進行深層溝通。這些原則也有助於你站在「幫助他人做出改變」的立場上，聆聽他們的想法，有效與其溝通。

　　我們對彼此都有強烈的影響。如果通過有問題的或是需要修復的透鏡去觀察人們，就會鼓勵和維持他們心中的小妖或無力感。結果是，他們仍然會固守舊有的想法和行為，這些想法和行為會阻礙他們做出改變。相比之下，如果把人們看作是完整而有力的，他們就會有意無意地以夥伴身份而非受害者身份與過去的小妖打交道，向它們學習。

　　佛陀說：「縱使經百劫，所做業不亡，因緣會遇時，果報還自受。」當你選擇去看，去聽，去感覺，去信任他人的一致性的時候，無論故事如何發展，你都在讓自己和他人變得更偉大。

　　把埃里克森的五個基本原則想像成一個五角星，每個原則是一個角，對我們會很有幫助。這個比喻的價值在於，每個人都應該在這顆五角星的光芒之下接受觀察和考量。

埃里克森原則一

OK原則：人們本來的樣子就是OK的

　　這個原則僅僅指明了一個事實，即每個人一輩子都會成長和變化，每

個人都在改變之中。那些跨越了舊時阻礙，發展了新能力的極端例子總讓我們著迷——一位50多歲的家庭婦女成功地成為小說作家；一所高中的看門人60多歲才學會識字並獲得了高中文憑。之所以這樣，是因為我們意識到了每個人都具備這些能力。對大腦的最新研究顯示，我們能通過練習培養新的習慣和能力，任何年齡段的人都能做到這一點。

根據米爾頓・埃里克森的觀點，在人生的任何一個時刻，我們過去的思想和行為都是下一階段學習的起點。我們一直在攀登學習的階梯。這就意味著，對過去經歷的負面看法有助於我們抱定真正的價值觀和人生願景，在追求一致性的道路上走得更遠。每個負面看法都是一種觀點，有助於我們理解和檢驗其他的生活經驗，超越現在，進入更深層的精通、合一和完整。

想一想，即便是最陰暗的思想和行為，都可以用這種方式來探索。萬物存在都有其道理。只要呈現自己本來的樣子，一切都是OK的。為什麼一切都是OK的呢？宇宙需要各種各樣的力量來保持平衡。因為宇宙的某個部分不好看或是很醜，就想把它清除掉，這是不可能的。各種各樣的經歷都是有必要的，它為我們提供了廣闊的選擇範圍。

試圖讓自己、他人或世界變成這樣或那樣，或者因為事實和你預想的不同而失望，都是源於「我很差勁」這個自我形象或對世界觀的判斷和比較。艾倫・瓦茨（Alan Watts）所謂「白方必勝」的遊戲，只會讓你筋疲力盡，失望至極，覺得自己是個失敗者。白方永遠也贏不了！只有從看起來是「黑」的部分汲取教訓，你才能理解「白」。白和黑都是OK的！請選擇你希望在生活中體驗得更多的那一方。見圖7-1。

過去的選擇、決定和環境決定了我們當下的生活，也就是我們現在

本來的樣子是OK的

所有人

圖7-1　埃里克森原則一

經歷的生活。它不可能是別的樣子。當你達到更緊密的身心一致，體驗到
「自己本來的樣子就OK」時，你就站在了批判、否定、消極看待自己或
他人生活經歷的反面。這種「認識到我們是OK的」的能力為我們打開了
一扇大門，幫助我們超越批判，看到新的選擇。

埃里克森原則二

人們內在已經擁有成功所需的一切資源

意識是一個「聚焦」的設備，你的意識只能接收到世界提供的訊息中
很小的一部分。人的意識有限，一次只能接收4～7個訊息片段。這些訊息
既來自我們內心的世界，也來自外部世界。

相比之下，超意識可以感知意識限制範圍之外的訊息。超意識管理著

所有的生命進程，不需要意識的參與就能使我們整個身體系統運作起來。
超意識使心臟跳動、胎兒孕育、傷口癒合、頭髮生長，讓我們與周圍的環
境融為一體，見如圖7-2。

圖7-2　埃里克森原則二

　　想一想，超意識比意識聰明得多。你能注意到並回應數量龐大的訊
息，遠遠超出意識允許的範圍。這個深層認知系統涵蓋了你學過的所有東
西、你過去的所有經歷，以及你的意識尚未注意到的、你正在經歷的事。

　　在成果導向的教練中，我們把當前可覺知的東西稱為「意識」。我們
的文化中有一個普遍的信念：我們大多數時候做事和思考都是有意識的。
但你有沒有注意到，每次說話的時候，句子會根據你意識中內在和外在的
問題「脫口而出」？與普遍存在的信念相反，我們做的絕大部分事情和我
們做的最好的事情，都是用來自超意識的能力做到的。

　　這就是轉化式對話的力量。它允許人們深入內心，把全部資源帶進意

識，從而採取最好的行動。當人們開始放鬆、自信，向自己證明已經擁有
成功所需的一切資源時，就不再依賴他人的建議或認同了。人們發現自己
深層認知系統中巨大的成功可能性，於是開始挑戰自己，促使自己獲得更
大的成功。

　　遵循這個基本原則的必然結果是——獲得大師級的精通是有可能的，
不是只有獨具天賦的人才能做到這一點。如果這件事在世界上可能發生，
那麼對你來說也有可能。問題是怎麼做！

埃里克森原則三

　　人總是做當下自己能做的最佳選擇

　　三層大腦系統（本能腦、情緒腦和大腦皮層）掌管著每個行為選擇。
它們相互作用，保證人們不斷發展和學習。選擇都是從整體出發做出的。
這幫助，每個人總是根據自己的內在處理能力，做當下自己能做的最佳選
擇，見圖7-3。

　　作為轉化式溝通者，我們的角色是看到人們過去如何成了自己的受害
者。想一想，當你把他人的行為貼上「錯誤決定」的標籤時，你實際上是
鼓勵了你所批判的習慣模式。一旦你對事情「應該」或「當時應該」有了
不公正的認知，你的生活就會充滿了困惑、失望和怨恨。真正能幫助自己
和他人的方法是，把他們作為一個整體去接納，接納他們現在的樣子。

　　一位好的教練明白，要獲得新的結果，就需要培養內在靈活性和技
能。這些始於接納一個人當下真實的樣子。要培養有助於擴展知識和成長

本來的樣子是OK的

總是做當下自己能
做的最佳選擇

已經擁有成功所需
的一切資源

所有人

圖7-3　埃里克森原則三

機會的靈活性與技能，就需要我們通過練習新的生活方式和做事方法，去
獲得覺醒、致力於重新發現、聚焦專注。

埃里克森原則四

每個行為都有其正面意願

即便你已經接受了「你已經做了自己能做的最佳選擇」這一點，你有
時候還是會為「為什麼你或他人會做這件事」而困惑。有時候，我們的行
為看似違背了自己的最佳利益和最佳意願：「今年夏天我真的很想減肥，
那為什麼我又吃霜淇淋了？她壓力已經那麼大了，那為什麼我還衝她大喊

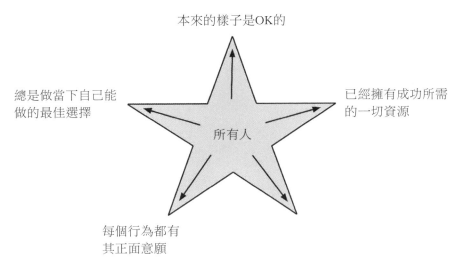

圖7-4　埃里克森原則四

大叫？為什麼晚飯後我沒有出去散步，而是又看了重播的電視劇《法律與秩序》？我應該更喜歡散步啊，散步會讓我感覺更好。」見圖7-4。

　　你做的選擇和你改變（或抗拒改變）的能力，通常源於深層的超意識。不要把自己看作自我毀滅者，而要把行為的目標看作為了滿足自己的實際需要。這對你或任何人來說都是正面的意願！三層大腦系統培養出來的情緒和思維習慣似乎限制了你，然而，它們其實是戰略性的幌子，掩飾了你每個行為背後的正面意願。

　　你往往意識不到一個行為的正面意願，但它其實是為了滿足你當時的最大需求。照顧自己是你的內在需求，這一點一直在影響你的選擇。選擇甚至可能涉及生死存亡，至少你的大腦當時是這麼判斷的。想一想，那些看上去像是毀滅自我甚至毀滅世界的行為背後，總是存在正面的意願，即

使你自己還不理解這一點。

　　無論一個人是在減肥第三天吃掉了一整張比薩餅、偽造了月度報表，還是搶了銀行，當你相信有一個正面的意願指引著這些行為時，你就對這些行為有了全新層次的理解。這為你提供了一個機會，讓你獲得覺醒並引發積極的改變。一個人可以獲得極大的幫助，使這部分思維通過更健康、更正面的行為滿足自己的需要，從自我毀滅走向構建智慧。

埃里克森原則五

改變是不可避免的

　　你的感知系統總是在接受各種形式的刺激，不斷進行調整。與此同時，外部環境也一直在回應你。結果是，你的身體不斷地重塑自己。想一想這個概念——單個人類細胞只能存活大約半小時。你知道嗎？讀這個句子的時候，你體內大約有5萬個細胞死亡，被新的細胞取代；你知道嗎？骨骼每三個月就會更新一次，你每個月都會換一層新皮膚。見圖7-5。

　　你的內在和外在世界一直在變化。作為對所有內外變化的回應，改變是不可避免的。這是一個持續的回饋循環。作為一個人，你有機會努力實現自己的目的、目標、人生意義。努力的本身也會帶來改變。

　　讓我們再來看一看象徵著人類伸展的大「H」，做人就要像這個字母一樣伸展。問題在於，在改變的時候，你是越來越接近真實的你和你希望變成的樣子，還是越來越接近自己不希望變成的樣子？你的生活方式是意識的選擇，還是偶然的結果？隨著時間的流逝，你是變得越來越憤世嫉

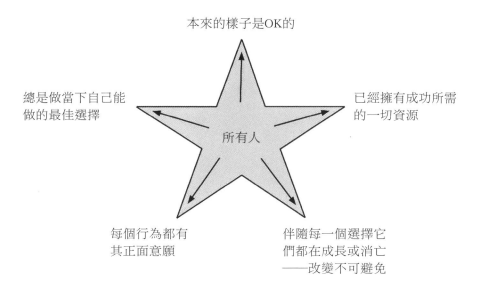

圖7-5　埃里克森原則五

俗，還是對生活越來越有信心？

　　意識與超意識一起，持久改變了你自發和潛在的行為、感受、反應。在這個過程中，意識得到了許多來自超意識的幫助。轉化式教練的力量和重要性在於，它將這一點融入了計畫制訂的每個環節、對成果的視覺化和對意願的溝通。

　　在解釋埃里克森的五個原則時，我們用了五角星加以形象化。現在，我們已經分別討論了這五個原則，並用換一個房子的比喻來幫助問題，因為這些原則為一位教練創造了內心的居所或家園。見圖7-6。

　　當埃里克森的五個原則與你的思維和內心相結合時，它們就能為你帶來最寬廣、最強大的內在價值，幫助你走向自我重塑。當學會把這些原則

主體結構：
人們本來的樣子
是OK的

窗：
每個行為背后都有
其正意願

門：
人們總是做當下
自己能做的最佳
選擇

地基：
人們已經擁有成功
所需的一切資源

花園：
改變是不可避免的

圖7-6　基本原則：房子的比喻

作為基石時，你就能更有效地幫助自己和他人。

把每一種情況作為一個整體去觀察，就是啟動你內在的資源。當你帶著激情和目標有意識地使用這五個原則時，它們就會點燃對話的轉化式潛能。

當你通過埃里克森基本原則的「透鏡」去觀察人們時，你將給你的客戶帶來轉化式的體驗，就像米爾頓・埃里克森為他的客戶提供的一樣。

讓我們用一個簡單卻有力的練習來愉快地結束本章。

練習：太陽鏡遊戲

　　邀請一位好友和你一起做這個小遊戲。對你們兩個人來說，關鍵是讓遊戲的基調保持輕鬆有趣。

　　告訴對話夥伴，你會先後戴上兩副不同的太陽鏡，表現出兩種不同的姿態和傾聽方式，與他進行互動。然後，邀請這個人在談話結束後分享他的感受。

　　首先，請你的對話夥伴花兩分鐘時間分享目前遇到的一個小困難，同時你要假裝或真的戴上深色太陽鏡。當對話夥伴說話的時候，你帶著一種「似乎他有毛病、沒能力、不正常、沒救了」的態度去觀察和傾聽。確保這部分練習的時間很短，最多兩分鐘。

　　當你用這種方式去傾聽和觀察這個人，並做出相應的行動時，讓你的一部分作為客觀的觀察者研究你們的互動。花一點時間注意一下，你是如何思考、表現、回應和感覺這個人的。在戴著深色太陽鏡時，你感覺自己傾向於為對方做什麼或不做什麼？

　　然後觀察談話夥伴，你從他身上得到了什麼回應？注意對方的姿勢、肢體語言、手勢、面部表情、語調和用詞。當你帶著「這個人有毛病、沒能力、不正常、沒救了」的態度去觀察和傾聽的時候，你覺得這個人會有什麼感覺？這個人有沒有其他行為？這次互動的整體品質如何？

　　當你徹底觀察自己和對方兩分鐘後，請他停止這次對話。

　　注意這個練習的力量，然後至少做三次深呼吸。向窗外看一會兒。活動一下身體。喝點水，讓自己恢復過來。

　　現在，請你的朋友再次和你分享他遇到的那個挑戰，但這次你要戴上淺色太陽鏡。同時，你的態度要完全改變。現在，帶著「他是整體的、完整的、有智慧、有力量、有能力」的態度去觀察和傾聽。你要將這個人視

為一個天才，假裝他正在學習和成長，能輕鬆自然地運用自己的智慧。

再一次邀請你自己作為中立的觀察者或教練，來觀察這次互動。請你以中立觀察者的身份注意一下，你對這個人的思考、行為、回應和感覺。從這個角度上，你感覺自己傾向於為對方做什麼或不做什麼？

再一次觀察對方。你從他身上獲得了什麼回應？注意對方的姿勢、肢體語言、手勢、面部表情、語調和用詞。

你在第二輪對話中注意到了什麼變化？在第二輪對話中，當你用完全不同的方式，帶著「這個人是整體的、完整的、有智慧、有力量、有能力」的態度去觀察和傾聽時，你覺得他會有什麼感覺？當你用這樣的態度觀察這個人時，他有什麼行為？你覺得他在對話中感受如何？這次互動的整體品質如何？

當你已經獲得了所有這些訊息時，請對方停下來，分享他在第一輪對話（你戴深色太陽鏡）中的感受和在第二輪對話（你戴淺色太陽鏡）中的感受。

大多數人都會注意到，這個練習在真實世界裡有深遠的意義。請深入思考：你從這個練習裡學到了什麼？

你有沒有發現，當你將對方視為「有問題」時，傾聽會對他起到毀滅性的作用？

當你認為對方「有問題、不正常、需要被拯救」時，你就會想要去「糾正」他，會提出「拯救」對方的建議。

當你認為對方「有問題」時，接收方通常會從對話夥伴那裡感受到不舒服和抗拒的回應。這個人可能說不清楚為什麼，或者說這次對話似乎暗含了消極、批判或不支持的意思。

　　接收方通常會認為第二輪對話是一次完全不同的體驗，因為其被視為整體的、完整的、有自己答案的人。對話夥伴通常會認為傾聽是件愉快的事，覺得他最終會解決這件事，因為他是個完整的人，已經擁有了成功所需的一切資源！對對話夥伴，即傾聽者來說，這個角度令人感到自由，而且很有啟發性，因為他知道這個人沒問題，一切都很完美，一定會實現最好的結果。

　　這會催生出強大的注意力和承諾，讓你全力協助一個人發現自己的內在資源、為自己遇到的挑戰給出答案。作為教練，你不是提供建議，而是開始提出一些能喚醒這個人內在天賦的強大問題。

　　你會開始注意到這個人的改變，他不再關注負面情況，而是關注自己想要的東西。這就創造了成長和發展的機會。

　　當問一個人這次談話怎麼樣時，這個人通常會回答說，這次談話感覺很有挑戰性，但給人力量和支持，很鼓舞人心。這個人會注意到，儘管目前自己還是面臨挑戰，但這次對話會帶給他力量，讓他去信任自己，信任自己的選擇。

第八章

意願和注意力：
連接思想、情感和行為

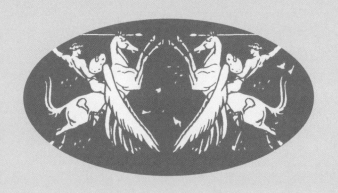

宇宙中有一股無窮無盡、難以形容的力量，
薩滿法師稱之為意願，
宇宙中每一件事物都通過連結與意願相連……
普通人與意願相連的連結很微弱。
要使它恢復活力，
勇士們需要擁有精準而狂熱的目的性。
　　　　——卡洛斯·卡斯塔尼達（Carlos Castaneda），
　　　　　　《時光之輪》（*The Wheel of Time*）

我們能找到路嗎？

　　2000年一個寒冷的下午，我在基輔結束了一個教練專案，準備前往拉脫維亞的里加，次日上午9點半我在那裡有一堂課。還沒有出發去機場，我就接到通知：由於飛機故障，我的航班被取消了！

　　烏克蘭的主辦方很快發現，沒有其他去拉脫維亞的航班，也沒有其他公共交通工具能讓我及時抵達里加授課。里加的課程主辦方簡直要瘋了，因為那兒有110位學生正翹首期盼一堂盛大的課程。

　　有人告訴我，我或許可以連夜從基輔開車到里加。經過匆忙的討論、長途電話、短途電話和里加主辦方的懇求，我決定開8個小時的車去里加。

　　主辦方知道我很著急，所以他們決定找一位可以把我及時送到里加的人。他們找到了奧列格（Oleg），一位30多歲、身材粗壯、戴著眼鏡的烏克蘭人，他願意開車送我去拉脫維亞。我去看了看他的車子，那是一輛保養得很好的灰色貨車。他向我展示了為長途旅行準備的備胎、兩箱汽油、食物和毛毯。我們談好了價錢，然後趕往白俄羅斯的機構辦理過境簽證。然後，我們三個人——司機、我和一位基輔的教練學員謝爾蓋（Sergei）就出發了。

　　我們離開基輔的時候是晚上9點，隆冬的夜晚滿天星光。根據地圖，我們樂觀地估計，至少要開8個小時的車。我們想「這是沒問題的」。奧列格笑著說：「這很輕鬆。」俗話說，期待最好的結果，作最壞的打算。我個人喜歡把這句話反過來——一個人必須作最壞的打算，同時努力期待最好的結果。謝爾蓋和我開始做準備了。我們想像了一下自己的旅程，因為烏克蘭和白俄羅斯的路況往往充滿不確定性。

　　起程的時候，我們充滿了期待，整裝待發。我們做好了準備，也願

意開一整夜的車。當看到在陡峭的山坡上蜿蜒的道路時，我們毫不退縮；當傾盆大雨夾著冰雹澆下來時，我們毫不退縮；當公路變成了礫石小路，我們開上了周圍幾乎看不見車的高原地帶時，我們毫不退縮；當雨夾雪變成了大雪，大雪又變成了暴風雪時，我們毫不退縮；甚至當暴風雪漫天飛舞，我們已經根本看不見路了的時候，我們仍然毫不退縮。

情況突然急轉直下。我們發現，我們身處高山之上，能見度為零，路完全被雪掩埋，周圍看不見任何車輛。這種情況讓我們猝不及防。我們忽然發現，自己在暴雪呼嘯的高山上孤立無援。我們開始懷疑：我們真的做好準備了嗎？

司機沿著模糊的淺車轍印前進，一小時只能前進8公里。奧列格剛才一直滔滔不絕，現在卻連一個字都不說了。他趴在方向盤上，臉湊到擋風玻璃前面，努力辨認前方的道路。就連雨刷也不能及時清理擋風玻璃上的積雪。後來，前車開過的車轍印消失了，我們什麼也看不到了。謝爾蓋盯著窗外，告訴奧列格「路邊」在哪裡。我不會講俄語，只能靜靜地坐在後排座位上。這時，車停了。我們似乎撞到了一堵雪牆上。足足有5分鐘的時間，沒有人說話。空氣中清晰地彌漫著「放棄前進」這個詞。我們還能以一小時8公里的速度前進嗎？

「做最壞的打算，但期待最好的結果。」

突然，暴風雪變小了，接著雪停了。這場暴風雪是突然開始的，現在又突然結束了。我們可以模模糊糊地看見路了。積雪有20多釐米深。我們停下來一會兒，只是看著前面的路。我們還是看不清路邊在哪裡，也找不到可以跟隨的車轍印。這時，空氣中彌漫的問題是「我們能繼續前進嗎？」，我們需要共同的勇氣才能前行。

奧列格吹起了口哨，慢慢把車往前開。謝爾蓋跟著曲調拍手。我也輕輕地跟著他們打著拍子，然後開始哼唱。5分鐘後，當車子再度以每小時8公里的速度前進時，我們已經合奏出了美妙的音樂。奧列格偶爾會停下車，謝爾蓋會下車看看路邊在哪裡。我們慢慢加快了速度，從每小時8公里提到了每小時16公里，再提到了每小時24公里。

我們都很開心。我們的目標是彼此照應，現在更享受到了當下簡單的快樂。很快，我們開始大聲唱歌，非常快活。這消除了我們之前的恐懼。一個小時後，我們到了山下，路上的積雪已經被清理乾淨了。前方的道路再次變得開闊起來。

我第二天早上到達了里加，覺得很累但很寬慰。對於夾道歡迎的學生們來說，我稍稍遲到了一會兒。我感謝了奧列格，感謝他高超的駕駛技能、耐心和堅忍的品質，也感謝他給我上了一堂精彩的團隊合作課。

我們都遇到過這樣的突發挑戰。從這個典型的困境和解決方法中，我們能學到什麼？當我們學會相互關心，做在當下有效的事情時，團隊的巨大力量便得以顯現。如果我們沒有成功抵達里加，便會抱怨暴風雪。但我們能完成這段旅程的真正原因是意願、注意力和團隊合作。

希歐多爾·羅特克（Theodore Roethke）說過：「在晦暗時分，眼睛才能看清。」這種英雄行為是我們人類的本質。在面對挑戰的那一刻，不同的注意範圍會產生不同的結果。注意力會指引你的關注焦點，讓你能堅守目標、分享共同的風險，在困難時刻相互鼓勵。你的意願創造了勇氣和願景。通過對重要事物的注意力和對願景的意願，共同努力的力量會變得更加強大。你成了一位戰友，成了人類大團體中的一份子。這是我們的意願

決定的。意願創造了勇氣和願景。有了它，我們就能在混亂中關注正確的道路，繼續前行。沒有它，我們就無法相互幫助，無法關注正確的道路，只會垂頭喪氣、選擇放棄。正如拉爾夫·瓦爾多·愛默生所說：「人生最美麗的回報之一，就是人們真誠幫助他人之後，最終幫到自己……我為人人，人人為我。」

提升內在的力量

　　在困境中前進的個人能力是一種內在的資源，它往往被稱為人類的精神。人類的精神由兩種基本意識組成——意願和注意力。意願和注意力是人類發展的核心。使二者巧妙結合的能力會幫你實現夢想。發展並支持意願和注意力的力量，正是有效的教練的基本任務。

　　意願和注意力就像你的雙手，用來演奏你生命的手風琴。你可能沒有意識到，但你一直在創造和演奏自己設計的樂曲。隨著身體、情感、方向和精神領域的共同發展，學會輕鬆自然地用充滿意願和專注力的雙手來演奏是很重要的事，因為這裡面有很多你需要注意的地方。就像演奏完整首曲子的手風琴手一樣，你要學會拉伸和收縮，以便奏出動聽的樂曲。

　　就像手風琴手一樣，有時你需要先用其中一隻手。比如，學習一首曲子時，你要先聚焦於一隻手，靠意願奏出特定的音符，然後有意識地擴展聚焦範圍，加入另一隻手的演奏，再用注意力去感受你演奏的音樂。生活也是一樣，當你聚焦於培養某個特定領域的技能時，你也要給自己其餘的內在世界「調音」，同時邀請願景帶你進入下一個層次。

　　除了先聚焦於一隻手，再聚焦於另一隻手，你也可以一開始就同時聚焦於兩隻手。與卓越的大腦系統合作，你就能養成更高級的習慣。這就意味著，你可以逐漸學會利用你的意願，擴展你的注意範圍，同時關注外在和內在的世界！思維的手風琴允許你走進內在世界，走向外在世界，在同一時刻實現朝各方向的擴展。

　　我們很多人面臨的挑戰是保持專注，不讓注意力轉向其他話題，比如，買新鞋、做晚飯、完成工作報告、洗車等。你有沒有注意到，當缺乏強烈的意願時，你的意識會不停地變化，你會很容易分心？當擁有清晰的意願時，你則會變得更能聚焦，能有選擇地轉移注意範圍，而不是隨便分

心，見圖8-1。

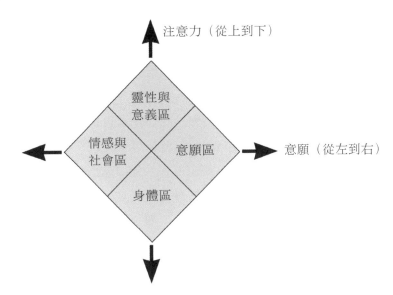

圖8-1　意願和注意力的象限圖

　　當你指揮自己的意願和注意力，演奏出最動聽的樂曲時，你就像一位
手風琴手。你把手指聚焦於琴鍵上，讓手指靈活地移動，同時享受著流淌
的旋律，演奏出內涵豐富而令人滿足的樂曲。你也能以相同的方式，依靠
意識的兩個品質熟練演奏生活的樂曲。這個方法會讓你與內心的音樂產生
共鳴，開發自己的內在韻律，指揮自己的內在系統，創造出巨大的滿足感
和偉大的成果。

　　想一想，你的創造力和天賦能讓你同時擁有強大的意願和注意力。當
你把意願與注意力、學習力、娛樂結合起來，並把注意力聚焦在它們上面
時，你的內在成長會不斷連接、擴展，持續發展壯大。

　　舉個實際的例子來說，試想你坐下來給好朋友寫一封信。你可以想到，你對她有什麼感覺，她對你有什麼意義。同時，你可以寫一寫發生在你身上的事情，寫一寫未來你們的關係會怎麼樣。你可以完全置身當下，關注自己在寫的東西，同時有意識地提升和深化你們的關係。

　　當同時啟動意願和注意力時，你就實現了身心合一，完全和當時寫的信融為一體了。這種整合和連接產生了一種強大的流動狀態，即人們所謂的「境界」。這時，你想寫的詞句會像施了魔法一樣呈現在紙上。

　　現在，想一想曾經的公路旅行。你操縱著方向盤，沿著正確的方向安全行駛。這時，你的意願聚焦於駛向目的地。但是，你的注意力涉及的範圍可能很廣。從發動機的聲音到山谷的景色，再到這次旅行給你帶來的自由和快樂，都是你關注的東西。因為關注的是這些，所以當你安全駛向目的地的時候，你內心的音樂會持續響起。如果你為即將到來的暴風雨感到失落，為前方行駛緩慢的司機感到沮喪，或是聚焦於自己本該向西開，現在卻在向北開，你內心的體驗就會完全不同。如果聚焦於美景，你就會感覺到更多的內在美和外在美。

　　現在，讓我們來瞭解一下意識的兩個關鍵維度的更多細節。

注意力

　　此時此刻，你的注意力聚焦於意識的垂直維度上，見圖8-2。

　　注意力是你當下「參與」和關注的事物。關注某事的時候，你才會有深入的覺察。你可以覺察到當下的連接或內心感受的每個美妙細節。你可以完整地看到、聽到、感覺到這個世界，還可以同樣清楚地品味和感受自己的內在價值和願景。

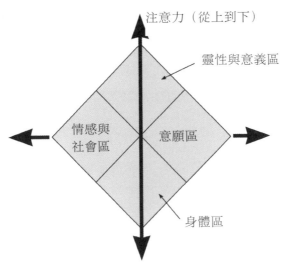

圖8-2　意識的垂直維度

　　在任何處境下，關注積極方面時，你生命的價值就會開始自我表達，你就能感覺到內心深層的覺知。通過這種方式，你會體會到，自己的價值觀就是一系列的情緒，比如愛、感恩、連接、和平、幸福等。這些都發生在覺察的時刻，取決於你選擇關注什麼東西。

　　花一點時間回想一個特別的存在時刻。它可以是你全身心關注一件美麗或深刻的事物，或滿懷感恩之心完全聚焦於一個事件的時刻；它也可以是你在創作的過程中，或關注一件讓你忘掉時間的活動時，感覺永無止境的時刻。例如，你被宇宙的壯美所震撼的時刻——你或許注意到了綠葉上的一滴露珠，或許是和愛人的第一次接吻，或許是看到了海上美麗的日落，或許是抱著一個新生的嬰兒。那也可能是你和老友的一次談話，是你在林間小路上慢跑的時刻，或者你為孩子修理樹屋的時刻。

　　想像一下那個特別的存在時刻，享受一下充滿生命活力的感覺。當你回憶的時候，讓你當下的身體體驗那些感覺。

　　注意你的深層意識，以及你現在連接的東西的意義。你享受這個狀態嗎？請捫心自問：我怎麼才能更經常地進入這個狀態？這對我的生活有什麼價值？

　　記住：

　　在生活中，無論你關注什麼，你必將獲得更多。

意願

　　意願是橫向的維度，使你從當下的狀態轉移到你想要的狀態。這是你為自己的未來做出的堅定的決定。你的意願就是你選擇為自己和他人創造的東西，見圖8-3。

　　強大的意願就是決定去成為、去做、去擁有對你來說重要的東西。它就像你內心的一點火花。你劃亮了這點火花，去點燃內心之火。它能為你完成目標所需的能量。當你的內心之火強大而明亮時，它就會照亮你人生的方向，你也會自然而然地增強能力。

　　沒有清晰的意願，你的頭腦就很容易被生活瑣事影響，未來的多種可能性和他人的安排就會輕易讓你分心。你的情緒會給你搗亂。當你難以專注時，你就不能和自己的意願連接，就會遠離自己的核心價值。

　　如果你希望專注地生活，設定強大的意願就是做出不同的關鍵。當你講出下面的話時，你就有了一個明確的意願：「當然，我會通過_____完成_____，我只需要弄清怎麼做！」意願為最終結果而定，是對最終結果的陳述。你的目標取決於你認為什麼是最重要的。瞭解目標背後的意義，

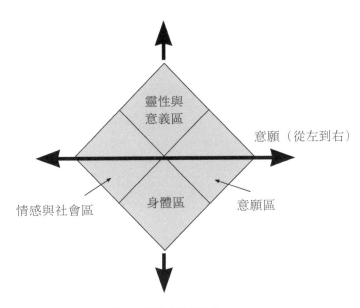

圖8-3　意願的橫向維度

將為你提供強大的動力。現在，你可以集中自己的注意力，一步一步地採取所有能讓你達成目標的行動。

意願與注意力的結合

　　當你充滿熱情地宣佈自己的意願時，「思想的意願框架」力量就會推動你有效地、有目的地採取行動，幫助你獲得自己想要的東西。當你有一個足夠大的「理由」指引生活方向時，管理日常的注意力就變得很容易了。如果常常想像自己已經獲得了想要的結果，你就會得到激勵，就會很容易關注到能幫你實現目標的日常行為。你會自然而然地思考自己已經擁有的資源，認識到自己還需要其他哪些資源，以便擴展你的網路。你會自然而然地設定目標，執行戰略、任務和行動計畫。你會自然而然地採取行動，去獲得自己需要的幫助。你會與自身保持情緒平衡的能力相連，以目標為驅動力，直到你徹底實現理想。

　　另一種理解意願的方式是把它比作運動員鍛煉肌肉的決心。意願像體力、力量和靈活性一樣，也是一種多方面的能力。你可以通過不斷練習和擁有強大的「理由」來維持意願。當你的理由對你足夠重要時，你鍛煉肌肉的「注意力」就會變得很自然，無論這個過程有多麼累人。

　　這也像是一位橄欖球運動員用盡全力把球傳給隊友。他聚焦於自己需要把球傳向哪裡，便調動自己的能力把球向目標扔去。如果他的意願清晰，清楚該把球往哪個方向扔，他就能完成自己的目標。但是，如果他的意願很混亂，不清楚該把球往哪個方向扔，他的注意力就會被迷惑，別人就可能接不住他傳的球。（當然，這就是為什麼對方球員會盡力去擾亂他！）

　　花一點時間思考一下你的生活。像任何優秀的四分衛一樣，你內心深處也有一個獲得自己想要結果的清晰意願——即使你不知道自己內心慾望的細節。當你投球和創造自己想要的結果時，你可以看見前方的目標和目標的價值。你總是以一種簡單的方法實現目標：先走一步，再走下一步：

先實現一個目標，再實現下一個目標。這就像你帶球跑完全場，觸地得分。

　　如果你以偉大的運動員為榜樣，或以世界上其他頂級大師為榜樣，就會發現自己擁有了一個長期目標，然後聚焦於一步一步去實現它。注意力和意願強有力地聯合起來時，沒有什麼能阻擋你實現目標。在說「我當然會通過_____做_____，我只是需要知道怎麼做」時，你就走在了正軌上。對目標的專注保證了你會找到方法，因為宇宙會為你指引方向。

　　像所有偉大的運動員一樣，如果你邀請一位訓練有素的成果導向教練幫助你，就能學會放鬆自己，享受自然浮現的循序漸進的策略思維，它會告訴你如何實現目標。有了教練的幫助，你將學會評估多個目標和可能的選擇，學會通過設定意願發展和實現自己的目標。

　　要實現意願和注意力的結合，你需要做很多練習。要高品質地實現重要目標，意願和注意力的結合是必不可少的。和個人教練一起，你將培養設置優先要務、圍繞優先要務安排目標和完成目標的能力。當你培養出意願和注意力結合的強大、靈活、有力的「肌肉」後，你就可以開始進行大師遊戲了。

　　當你鎖定目標時，總有兩個維度在共同發揮作用。要在生活中創造廣闊的成果，你就必須學會進入並享受當下的狀態。這是注意力的甜蜜領域。接下來，你要培養追求目標的肌肉——通過有力地宣佈和規劃你的意願，聚焦於你想要的結果及其產生的價值。

練習一：
意願和注意力

下面是一個同時運用意願和注意力的實例，你可以用它來實現任何目標。

注意力

花一點時間聚焦於自己的身體。請注意，在完全意識到自己的身體和感覺時，你的大腦就能聚焦於當下的時刻。這樣做的時候，請注意，此時此刻的你可以完全關注並覺察到，有一根垂直的線穿過你的身體，從腳底一直通向你的頭頂。或許，你可以讓自己的意識從腳到頭掃描一遍，強化這種感覺。

接下來，你會看到這根線伸展向更遠處，或許到達了價值觀的空間。換句話說，記住你珍視的東西，同時感覺自己身體中的這根線。現在，把這些意識融合到一起，或許是以一道光的形式，或許是以一條從感知領域（身體區）通往你生活目標和最高價值（靈性區）的彩帶。這樣做的時候，注意把從「腳底」的感知到做人的「最高價值」都連接起來了。

在想像這種連接的時候，注意你是如何把生命的意義和自己的身體連接起來的。你正在把深層目標與你對所愛事物的體驗連接起來。注意你是如何沿著身體中心的線感知這個價值維度的。例如，調整呼吸，想像一道美麗的光線穿過自己的身體，連接到最甜美的價值觀和整個生命綻放的願景。

這是注意力的垂直維度。現在，在你專注地想像自己的價值觀和生活目標的同時，你仍然能夠意識到，你的意願在把它們帶向未來——擴展目標，獲得結果和未來的能力，做出貢獻。接下來，這些東西也會整合進來。

意願

　　花一點時間，想像你在某個領域裡有一個目標，比如工作目標或自我發展目標。你有意願在接下來幾個月裡取得成果。接下來，想像一下這個計畫完成時的自己，以及會從中受益的其他人。（比如，我想像著世界上所有人都運用這種覺察練習，並從中獲益。）

　　現在，把這個成果沿著時間伸展開來。看一看你的利益相關者，那些從你的計畫中獲益的人，把他們的成果繼續向遠推，使之進入他們的生命。看著它繼續向前發展，或許發展到5年之後。看一看5年後的他們，看到他們收穫如今努力的果實。

　　這個橫向的維度是你的時間線。看一看這條時間線，注意你過去的觀點已經和現在連接起來了，一直通往光明的未來。觀察意願在橫向維度上的擴展，觀察你對時間和能量的聚焦。

練習二：
將兩者結合起來

　　你已經熟悉了意願的橫向維度，現在再加上注意力的垂直維度。當你享受體內的「當下」意識時，請注意，與精神相連的「當下」意識正在向上延伸。當你享受這幅圖景和與此相關的感受時，請注意，你正在培養一種將心靈與思想相連的能力。

　　通過自然而然地同時聚焦於注意力和意願，你正在練習「四象限」的覺察能力。請參見前面的圖8-1，生命體驗的四象限分別是：專注力、身體、情緒／社會、靈性／意義。用你的心靈之眼，把這個菱形想像成一個可以變動的形狀。請注意，所有這些區域都在伸展和收縮，就像呼吸一樣。當你在四個維度上聚焦於一個計畫時（儘管可能有一個維度特別突出），你就增強了自己滿足這些區域的能力。同時，你會充滿激情地去實現目標。結果是，你得到了平衡且和諧的滿足感和成就感。

練習三：
給視覺化圖景增加動作或韻律

　　如果你能重複這些練習並通過添加新元素來豐富練習，這會非常有價值。

　　米爾頓·埃里克森將個人發展比作從雪坡上扔下一個結實的雪球，看它不斷獲得力量，不斷變大，最終形成一場雪崩。這就是所謂的個人改變。你把自己的願景投射到未來，鎖定真正的價值發展，然後，當你重新回到這個願景時，將會看到它在你眼前不斷成長。

　　回到你的內在世界，注意意識的兩束光或兩條彩帶——意願和注意力。當你聚焦的時候，它們在你內心交匯。

　　現在，給你的視覺化圖景增加一些運動。確定一個適用於你的場景。比如，你可以想像自己在扔一個球時設定了一個特定的意願。當你聚焦於自己強大的意願，同時感覺扔球的強大韻律時，感受一下自己內心擴展的感覺。

　　再一次回到視覺化圖景上來，給韻律／運動加入你內在的確定性和意願價值的明晰度。當你轉向擴展意識，並與這種擴展相連時，享受自己內心火焰的溫暖。

　　意願＋注意力＝精通

　　請注意，這個練習具有長期的效力。因為，隨著意願和注意力的聯合，你對自己追求的大師般的精通就變得更自然、更輕鬆了，見圖8-4。

　　通過想像自己獲得了想要的東西，體驗當下達成結果的感受，隨著計畫的逐個完成，看它們在你腦中不斷成長，發展就這樣實現了。

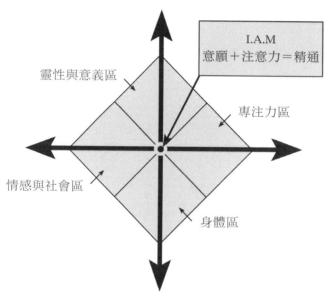

靈性與意義區

I.A.M
意願＋注意力＝精通

專注力區

情感與社會區

身體區

圖8-4　我是……（I.A.M.）

第九章

身心幸福的召喚

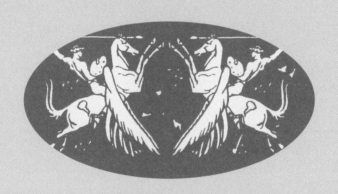

許多人錯過了屬於自己的幸福，
不是因為沒有找到它，
而是因為沒有停下來享受它。

——威廉·斐勒（William Feather）

真正幸福的含義

你有沒有聽人說過「我只是想要幸福」？幸福和追求幸福或純粹的快樂，是我們生命中的基本焦點。事實上，追求幸福的真實經歷是所有轉化式教練對話的核心。

我們首先想一想孩子眼中的幸福。孩子的幸福觀非常情緒化，而且充滿了激情。然而，很多人成年後很久還認為幸福就是在童話般的世界裡「從此過上幸福生活」，認為有一個平安、富足、浪漫的地方「在某處」等著他們。「幸福」這個詞與幻想的高品質「生活故事」聯繫在一起。我們聽說過「公主」和「白馬王子」的歷險，也問過：「從此過上幸福生活」究竟是什麼意思？

如果我們翻看談論幸福的古老故事，就會發現這些有教育意義的故事教給了我們更實際的理念。古希臘對「幸福」的定義是「充分發揮你的能力，朝著美好的目標努力」。在很多教義中，我們發現幸福被描述成了一種內在體驗，一種通過做貢獻獲得的內在回報。顯然，我們能看到，真正的幸福比孩提時童話般的幸福要大得多。

幸福是一種潛在的覺察，深藏於每一次轉化式教練對話中。大多數人都希望多獲得一些幸福和真正快樂的生活體驗。想像一下，無論你的世界裡發生了什麼，你都能選擇真誠、深刻、充滿愛的狀態，那會是什麼樣子。想像一下它能帶來的真正的快樂。想像一下把這種狀態和你周圍的人分享。

當你把幸福作為禮物送給他人的時候，你的生活就真的開始發生持久的變化了。這是人類對話背後的深層渴望——像大「H」一樣挺拔地站立，向外和向上伸展，伸向所有的可能。我們是人（Human），我們天生就擁有幸福（Happiness）。

等待幸福

　　你有沒有注意到，大多數人不知道如何在當下獲得幸福。他們不知道如何真正停下來，獲得幸福的體驗。大多數人面臨的巨大挑戰是培養創造目標的能力，以獲得長期的精通，同時在與他人分享成功、挑戰和經歷的過程中體驗快樂。在這趟旅程中，我們需要和他人共同面對挑戰，共同分享經歷。幸福就在這些時刻產生。

　　很多人告訴自己，他們會在大學畢業、研究生畢業、升職後放鬆下來，花時間享受生活。這張清單上有無窮無盡的延期執行的事件：

- 「等孩子長大我就會幸福了。」
- 「等房貸還清我就會幸福了。」
- 「一旦生意好起來，我就會幸福了。」
- 「等退休後我就會幸福了。」
- 「等我更有自信我就會幸福了。」
- 「減肥9斤後，我就會幸福了。」

　　最後，這個人在80歲時突然覺悟，發現自己享受幸福的機會已經一去不復返了。正如約翰・列儂（John Lennon）在歌曲《美麗男孩》（Beautiful Boy）裡唱的一樣：「生活就是你忙著做其他計畫時發生的事。」

培養幸福的I.A.M.公式

　　大多數人都在尋找幸福。他們到處尋找，試圖在自己之外的某人或某物那裡找到幸福。這犯了一個根本的錯誤。幸福就是你現在的樣子，幸福源於你想問題的方式。

——韋恩‧戴爾（Wayne Dyer）

　　世界上一次又一次的訪談和一次又一次的研究證明，認為自己很幸福的人，提升和體驗歡樂的範圍更廣。研究表明，幸福的人和幸福指數很低的人是不一樣的。幸福的人可以在生活中的許多方面找到幸福。在普通的一天裡，幸福的人能在不同的幸福領域轉換，使他們的興趣、投入和對世界的貢獻最大化。

　　I.A.M.公式與幸福狀態緊密相連。無論外在世界發生了什麼，那些能與幸福狀態連接的人都會表現出獲得快樂的意願，專注於獲得快樂，並最終體驗到快樂。

　　獲得幸福的意願＋對幸福的注意力＝體驗到幸福

　　幸福是一種身體、情感和意願綜合的意識狀態。幸福的人養成了一種重要的習慣，每天去注意四個讓自己感到幸福的意識區域。在生活中的不同領域取得平衡，包括身體、情感、意願（智力）和靈性領域。在進入這四個幸福焦點之前，讓我們先提出一個問題：為什麼有些人比其他人更難獲得幸福、感受快樂、體驗生活的神奇？

　　我們關注幸福的四個關鍵領域是：身體、情感、意願和靈性。

　　或許原因之一是，有些人認為與幸福或快樂相連的關鍵領域並不重

要，也不願意每天為了所有這些東西花時間。很多人只是習慣性地把幸福這個概念與生活的一兩個關鍵領域聯繫起來。例如，他們會說：「我唱歌的時候，和孩子一起玩的時候，吃巧克力蛋糕的時候，在大自然中散步的時候，下班休息的時候，坐在賽普勒斯（Cyprus）海灘上的時候，和最好的朋友聊天的時候……我很幸福。」所以說，很多人只能感覺到一兩種幸福。他們把幸福割裂開了，沒有完整地體驗豐富的生活，也就無法體驗其他領域的幸福。

我們不能從自己擁有的東西或即將發生的事裡找到幸福，也不能從我們期盼的未來裡找到幸福。幸福總是存在於「當下」，也只能存在於「當下」。它存在於我們當下生活的深層意義中。

幸福商數

　　你對幸福的定義是什麼？你怎麼知道自己什麼時候獲得了真正的幸福？

　　從四大焦點來看，真正幸福的人擁有一些獨特的品質。讓我們先花一點時間，整體考慮一下這四個幸福領域。

- 想一想，你在這個星球上生活的目標越獨特，你就越容易進入幸福的狀態。真正幸福快樂的人會持續關注自己的生活目標，朝著符合自己本性的方向前進。這或許是一個逐漸發現的過程。這個過程的關鍵在於，與自己真正的本性相連。
- 真正幸福的人會注意到滿足和幸福的區別。他們聚焦於自己的幸福（包括健康、成就、財富、擁有的東西、活動等），聚焦於自己值得擁有和值得嚮往的東西，而不是只聚焦於能給他們帶來愉悅的東西。
- 他們意識到幸福來自對他人的貢獻。貢獻點燃了他們的幸福之火。
- 他們為自己當下擁有的一切而感恩，為生活而感恩。他們超越了對單個事件的質疑，進一步探索生命的深層意義。

　　我們都渴望創造出能傳承下去的遺產，希望我們留下的獨特禮物能改變世界。只有認識到意義和價值的交匯點，我們才能留下豐厚的遺產。這帶我們進入了四大幸福領域的核心，使我們擁有了完整表達的可能性。這時，我們會意識到，我們需要當下就獲得幸福。這不僅僅是一種內在狀態，還是一種對世界的回應。對我們很多人來說，還有一個大問題：「我如何在當下獲得幸福的狀態，並使它成為一種持久的內在意識？」

智商、個商、情商和群商

　　當你平衡地覺察到這四個焦點時，真正的幸福就會變得鮮活起來。我們可以把這四個領域稱為四個幸福商數：智商（IQ）、個商（MeQ）、情商（EQ）和群商（WeQ）。

　　什麼是IQ、MeQ、EQ和WeQ？在和世界上許多人的交談過程中，我發現，人類的一個重要慾望就是組織和實現結果，其中包含四大關鍵領域的幸福：

・IQ=有意義的創造性生活帶來的幸福。
・MeQ=物質成就帶來的幸福。
・EQ=幫助他人、與群體建立深層連接帶來的幸福。
・WeQ=對生命感恩、發掘生活深層意義帶來的幸福。

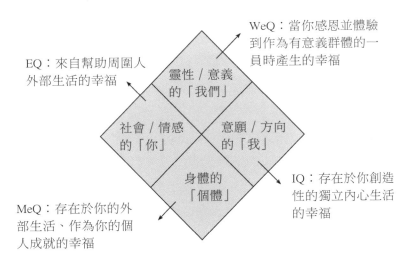

圖9-1　幸福的四個透鏡

　　這些領域就像透鏡一樣，從不同角度觀察幸福。這四個透鏡構成了一個系統，聚焦於外在世界和我們的內在世界。圖9-1闡釋了四個領域的重要性。

　　這些聚焦領域給我們帶來了真正的人生任務。幸福就是完成這些有意義的任務的結果。相互連接的大腦系統讓我們關注完成每個領域的任務，毫不偏廢。我們的意識可以在不同角度之間切換，使我們既能關注他人，也能關注自己。這樣，我們就能瞭解所有這四個領域的重要性。

　　「我」（I）是意願領域，「這」（This）或「它」是身體領域，「我—你們」（I-You）是社會領域，「我們」（We）是精神領域。通過這四個透鏡，我們可以探索人們是如何體驗幸福的。

幸福的四個大腦系統

　　不管有些人選擇相信什麼，我們所有人都擁有巨大的幸福潛力！我們可以運用一個簡單的幸福實現系統，幫助人們實現真正的幸福人生或「完整人生」。你需要聚焦，因為我們只能在當下獲得幸福。這就意味著，我們每天都要進行意識練習，這種練習是從感謝自然生命發展四個領域的區別開始的。通過深入身體—大腦—思維系統的不同區域，你可以學會靈活地獲得快樂、愛和幸福商數的能力。

　　我們可以迅速擺脫緊張和自我貶低的舊習慣。你可以學會經常進入幸福快樂的狀態，開始把這個真正的潛力作為你的自然傳承。你還可以幫助別人做到這一點。

　　令人高興的是，我們可以在生活中任何時候做到這一點。大腦核磁共振成像研究清晰展示了，人們可以在任何年齡段發展出新的腦部結構和功能。在多次實驗中，對學習各種技能（如冥想）的人的大腦掃描顯示，當他們談起在幾周內的寧靜體驗時，他們的大腦和思維形式呈現出了明顯的發展，通過核磁共振成像可以看到這些變化。在一個多月的時間裡，他們大腦核心區域的結構和功能確實發生了變化。他們對自身體驗的描述也清晰表明了，這些變化非常有助於他們每天獲得幸福感和寧靜感。我們所關注的東西，在我們內心得到了深化和發展。

　　讓我們通過身體、情感、意願、精神透鏡這種幸福框架，簡單地探索一下這個發展過程。想一想，每個大腦結構對幸福的「想法」都很不同。

・身體方面，爬蟲腦/本能腦使我們在這個世界上獲得某件東西時注意身體感覺、放鬆和其他幸福的結果。

・情感方面，哺乳腦（邊緣系統）使我們注意和喜歡的人在一起的特

殊時刻的重要感受。

· 意願方面，體積更大、擁有靈活聚焦能力的大腦皮層使我們有意識地、創造性地想像自己想要什麼，去設定目標，並做出相應的計畫。

· 靈性方面，一致性思維或一致性系統使我們在做這些事時體驗到「自己是更大系統一員」的強大感受。

　　要把所有這些方面納入一個相互連接的系統，我們就要運用充分開發的全腦整合能力。我們是「人類（Hu-man）村落」中的一員，人類村落的整體力量大於部分之和。我們擴展與整合人類潛力的強大能力也是如此。

　　當這些相互連接的系統達到最大程度的合一時，我們就可以擴展和享受生活中的陰陽兩極，對存在的任何階段心懷感恩。我們可以練習對系統報以深深的感恩，可以通過一個中央源頭體驗到這種感恩。在這個完整的空間裡，我們會注意到全部的合一體驗是如何賦予我們生命以意義的，每個人以不同的方式體驗到這種意義。這種合一的發展構成了幸福的生活。

對創造持久幸福的
深入觀察

　　如果我告訴你，你可以用成為一名好司機的方法培養出包含四個領域的持久幸福習慣，你會不會感興趣？讓我們總結一下這四個關鍵領域，看看我們為什麼能培養出幸福的習慣？

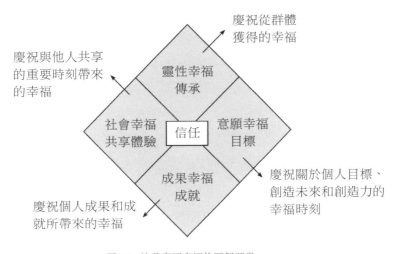

圖9-2　培養真正幸福的四個源泉

　　第一步，我們可以學會慶祝任何一個關鍵領域的幸福。這四種幸福有不同的時間框架，指向你生活的不同方面。你需要真正聚焦於每個領域，才能感覺到幸福。

　　第二步，是把它們聯繫起來，每天在它們之間移動。這樣，一個領域的幸福就能點燃另一個領域的幸福，所有領域的共振就能轉化成你和他人共享的溫暖。這就意味著，我們可以培養一種日常習慣，將這些領域連接和融合起來。

　　如果你只聚焦於掌控一到兩個領域，你就會很少有時間去關注並真正

參與持久的幸福。持久的幸福需要福佑和自律。要體驗持久的幸福，我們就需要每天都將注意力從自己轉向他人和社會群體，從探索特殊的時刻發展到探索深層的長期投入。通過意願和注意力相結合的方式，我們能把幸福請進普通的日常體驗。

　　單獨來看，每個焦點都很容易變成一個給生活催眠的透鏡。所以，我們要先檢驗一下四個領域的特點。你可以培養一種連接和融合四個焦點的日常習慣。它的起點在哪裡呢？

意願／創造性焦點：目標

　　首先，你追求的可能是創造力連接的幸福。換句話說，你為自己接受、發展、維持的想法感到幸福。這就是意願／創造性的幸福。創造性的幸福是一系列創造性時刻的個人體驗，是對你生活目標的表達。你與自己的個人願景相連，根據資源主動設計一個願景，這種主動性將推動你走向令人激動的未來。

　　對於那些以封閉的身份體驗這種幸福的人來說，這些想法非常吸引人，使他無法以其他方式生活或與生活連接，這是消極的一點。為了防止智商（IQ）掌控你的生活，防止「我」的觀念佔據中心位置，慶祝公共價值就變得很重要了。這樣，創造性的快樂時刻就不再只是你的個人經歷了。

結果焦點：成就

　　其次，你追求的可能是一種個人物質層次上可行的幸福，也就是說，

你會為獲得某個物質上的成就而感到快樂（個商，MeQ）。這是物質成果帶來的幸福。就其本身而言，這是一種孤立的體驗。因為，人們為自己的成功或成果短暫地感到幸福之後就繼續去努力了。在某個成功時刻，你會對當下的自己和成就表示肯定。你會說：「我做成了這件事！是的，我做到了。是的，我有能力。是的，我現在完成了。」你關注的是結果，「這」或「它」吸引了你的注意力，然後你就會繼續前行，這個成果則變成了你個人經歷中的一處遺跡。那個幸福時刻短暫地創造了一個光環，那是你內心的光芒，是一種有成就的滿足感。問題在於，當你做下一件事的時候，這種快樂還能持久嗎？

就身體而言，如果身體的幸福得以持續，這種成果就會幫我們保持內在的幸福狀態，而這種狀態會自然帶來運轉正常的生活。長期保持身體的力量，會給我們其他方面的奮鬥帶來力量。

社會焦點：共享體驗

再次，你可能通過與他人交往、幫助他人滿足需求或與他人合作完成一件事來追求幸福。就像創造性焦點一樣，社會焦點也包括實現一個目標，只不過現在是幾個人或團隊一起來實現目標。你通過幫助他們來做出回應。你通過情商（EQ）的透鏡去觀察，你的注意範圍包含了「我—你們」的視角。這是一種社會幸福。你的幫助使他人獲得了成果，你為集體的成就而感到幸福。作為一種共享的體驗，社會幸福是體驗性的，非常短暫，但充滿了激情。它涉及多人的聚集和連接。

在真正的分享時刻，每個人的內心都受到了觸動，每個人都體驗到了那一刻或共同努力的力量和快樂。然而，這種快樂很容易就會被遺忘。特

別是當你認為成果是他們的幸福，而不是你的幸福時，你就會覺得幸福消失了。這種情況有時發生在孩子與父母身上。例如，父母希望孩子獲取的東西，孩子其實並不喜歡，但他會為了讓父母高興而努力爭取。有趣的一點是，幸福的狀態常常需要被點明，需要眾人圍繞。人們需要得到鼓勵，才能進入當下共享幸福的深層狀態。

　　長遠看來，為你的生活增加更多的社會幸福，可以改變幸福時刻的價值。當你分享體驗、和他人連接的時候，幸福的人際關係就會為你創造內在的滿足感。你通過互惠的給予和接受與他人連接。給予是一種快樂，接受也是一種快樂。強大的「我—你們」視角與其他視角獲得平衡，使你從個人的角度與這種體驗連接起來，將自己視為集體的一部分，而不是集體之外的人。這創造了一種平衡、連接、完整的生活。

　　當你與他人分享願景、讓自己和他人感到榮耀、帶著目標努力前進、用有意義的方式擁抱整個生命時，你就會發現，自己在最深的層次上被他人全心接納了。當你體驗到這種幸福時，你會相信還有更多的這種深層連接，並帶著這種信任繼續前進。圍繞在這種狀態周圍並活在這種狀態中，會再一次為你帶來更多的這種狀態。

靈性焦點：傳承

　　再次，你可能通過感恩生命和為群體做出貢獻來追求幸福。這就是靈性領域的幸福。我們更多地稱它為傳承幸福。就像成果幸福一樣，你可能輕易忽略它。你可能只看到了他人的幸福，而不去慶祝自己的行為的力量，不去慶祝你的貢獻帶來的潛能。

　　這個世界上，最重要的是釋放快樂，就像人們共享的泉水一樣。我

們需要真正參與到「我們」的歡慶當中，把它強有力地帶進我們的生活。傳承幸福可以被視為長期深層狀態改變的原因。在這裡，你聚焦於長期效果。由「我們」視角引導的結果逐漸顯現，激發出了一種獨特的幸福體驗。它整合並超越了個人特質的「我」「你」或「這」。它就像合唱時每個歌手體驗到的快樂一樣。當每個人都允許「我們的力量」（our power）進入他們的歌聲時，每個人都會變得更有活力。想像自己像大「H」一樣挺拔地站立，讓自己內在的幸福向外延伸，與你周圍的每個人和每件事物連接起來！體驗「我們」的真正幸福感，是一次震撼而難忘的經歷。

　　在這個領域中承諾維繫一件事物，會讓你產生深深的滿足感。它通過一種支持所有幸福形式的內在意識，與其他三種形式的幸福分別結合在一起。

　　由於擁有支持的力量，傳承幸福不再是單一的幸福特質。它變得系統化了，成為一種「傳承方式」。這就意味著為組合和整合其他三種形式的幸福尋找可能性。我們在頭腦中想像為後人種植果園。如果你能清晰地想像並構建未來，同時對巨大的真正潛能保持開放態度，你就有機會做出更大的貢獻。

練習：擴展幸福

讓我們花一點時間來擴展和培養你的幸福習慣。

做一次深呼吸，讓自己想到身體焦點以及你的成果幸福。想像你的身體充滿活力。想像你是全身心融入大「H」（Hu-man）之中。當你這麼做的時候，注意你的觸覺、聽覺、味覺、嗅覺、視覺等所有感官，注意它們傳來的深層的快樂。

現在，當你想到自己在這個星球上的目標，以及你實現目標的清晰意願時，與你的創造性幸福連接起來。

請注意，你可以輕鬆自然地體驗社會幸福，與他人共享體驗的幸福。注意你與他人溫暖地連接在一起。

最後，當你意識到自己的價值和生命召喚的願景，並和它們結合在一起時，體驗一下精神幸福、你的傳承幸福。

花一點時間，回憶一下圖9-2。拓寬你的視野，注意這四個領域是如何有力地相互連接的。接下來，想像自己踏進整合的四個系統意識的中心，踏上你稱為「信任」的那一點。我們需要信任自己，信任他人，信任當下的潛能，信任我們在這個世界上發展自己的機會。這會為奉獻幸福提供能量，從而擴展你的幸福潛能。

請注意，當你考慮如何為他人的幸福做貢獻時，與這四種幸福形式相連的感覺是如何擴大的。

現在想一想，如果你信任這種相互連接的能量，而且每天都能體驗它，你的生活會是什麼樣子？你又會是什麼樣子？你會提供什麼價值？你的這種信任會影響到誰？

請花一點時間做這個練習，現在就開始吧。我和你擊掌歡呼，為你送上祝福！

第十章

英雄之旅：
你生命的召喚

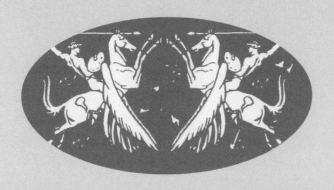

幸福的秘密不在於做自己喜歡的事，
而在於喜歡生命召喚我們去做的事。

——無名氏

英雄般生活的願景

　　花一點時間回想一下你的童年。你最喜歡的故事是什麼？奇幻故事？冒險故事？夢想成真的故事？孩子們對冒險故事感同身受，能體會探索生活的感覺。有趣的是，在讀那些通常讓孩子高興的故事時，我們會發現，故事情節往往是關於一個人追隨「擁有鮮活生命」這個深層目標的。我們會發現，故事中出現的英雄常常說出我們「發現自己是誰」的真切渴望。我們需要全身心地投入轉化式對話。

　　讓我們回到本書的核心主題——轉化之旅。我們已經探討了轉化式對話的力量，它加深了我們實現生命之旅的能力。現在，讓我們回到轉化式對話上來，看看它對培養幸福有什麼意義。「擁有鮮活生命」是生命的一大主題。這個目標點燃了我們與自我發展故事深入連接的火焰。孩子腦海中英雄式的幸福生活與轉化式對話有什麼關係呢？

　　最打動人、最鼓舞人的故事的核心思想通常是，一個人為了獲得幸福，需要清晰聚焦並採取行動，完成生命的召喚，無論這個召喚是什麼。根據這些故事，你的人生任務非常簡單：探索如何很好地實現人生意圖，並採取行動追求這個意圖；同時，通過探索你「生命的召喚」的潛能，開始實踐為自己和他人創造幸福的藝術。

英雄之旅

英雄之旅的核心思想是，以奉獻和大師般的參與為起點，帶領你實現真正的幸福。英雄之旅的故事清晰描述了英雄的個人發展，描述了他在全身心投入生活和與他人相處的過程中，超越了自己的期望和極限。我們聽到了一個人的性格、身心合一、自我認識和信任是怎樣培養起來的故事。他可能是勇士、救世主、冠軍或領袖。他可能在面對內在或外在困境時做出了莊嚴的承諾。我們看到了他們遇到的挑戰和學習的過程。通常，我們會跟隨英雄一步一步走過精彩的旅程。想像一下，你逐漸展開的故事中有以下步驟：

1. 英雄面臨挑戰。首先，英雄一開始就面臨挑戰。他面臨的驚人事件或挑戰讓他覺得自己必須出發了。生命推動著他面對挑戰。宇宙為他提供了一份獨特的「任務」——一次請求，而我們的英雄接受了這次機會。我們可以在世界上所有偉大的文學作品中找到絕佳的例子：荷馬的《奧德賽》、聖經人物（如亞伯拉罕或大衛）、20世紀流行文學（如托爾金的《魔戒》三部曲或C.S.路易士的《納尼亞傳奇》）。這些故事中的英雄都是被迫開始行動的，不管他們願不願意。

2. 英雄的承諾。旅程剛一開始，進一步的挑戰就出現了。我們的英雄表明了立場，說出「我會做到的」，並宣佈了他的承諾。他開始經歷內心的改變，培養出勇氣、適應能力、韌性和其他領導者需要的品質和力量。漸漸地，他的信念變得更加堅定，他們不可避免地跨過了內心的門檻。我們的英雄開始相信自己的能力了。

3. 英雄接受考驗並尋求幫助。接下來，令人不堪重負的挑戰出現了。經過痛苦的考驗後，英雄學會了尋求幫助。他尋找或跟蹤著經過一

個個願意提供幫助的守護者或助手。有些人回應了召喚。我們的英雄學會了，即便是面對逆境，也要信任自己和他人。

4. 英雄找到了導師。無論出現的是內在恐懼、外在恐懼還是小妖，它們在挑戰之初看起來似乎是邪惡的。英雄學會了應對困難，最終把困難變成了有價值的資源，用於自己的征程之中。如果遇到的是小妖，他會成功竊取小妖的力量，甚至把小妖變成自己的導師。

5. 英雄開發資源。在遇到小妖或惡魔時，英雄獲得了資源，培養出了打敗小妖或惡魔特殊的技能和工具。他發現了自己的優勢，能力得到了提升。我們的英雄擁有了資源，並把資源帶回來幫助他人。

6. 回家。故事的結尾是一場真正的慶祝會。英雄回到家裡，所有的人重新聚首，歡慶勝利。英雄已經戰勝了所有內在和外在的挑戰，在許多層面上都實現了成長，最終為他人帶來了真正的奉獻。結果是，每個人都皆大歡喜。在英雄之旅中，四種幸福感都得到了提升。

你自己生活故事裡的
英雄

　　如果你開始譜寫、想像或重新書寫自己的故事，把它寫成一次英雄之旅，這次旅程會是什麼樣呢？你會成為什麼樣的人？你的價值觀會是什麼樣？你會展現什麼樣的技能？你會如何行動？你會對誰的生活產生影響？如果這是一部電影，它可能是什麼樣子？

　　在你的生活故事中，你就是英雄。從某種程度上說，我們都生活在神話中。

　　如果你的幸福商數包含了為所有人而努力，那會是什麼樣子？花一點時間想像一下你的生活故事，想像自己的生活核心是真誠深切的奉獻之心。這會帶給你什麼樣的價值？

　　研究表明，奉獻能給人類帶來極度的快感，它和做愛、進食啟動的是大腦中同一片興奮區。奉獻和服務帶來的回報感，很像體驗愛的感覺。你能不能設計一個「自己的成功引起集體的成功」的故事呢？

　　探索這樣的場景會讓你考慮擴展自己的目標和願景。知道自己的幸福能讓周圍每個人都感到持久幸福，這就是生活慷慨給予你的額外收益。你或許會因為這一點重新考慮日常生活的專注點。請注意，任何能克服困難和實現內心渴望的方式都值得嘗試，因為這會對你目標涉及的所有人都產生積極的影響。

解釋大「H」

英雄之旅展示了如何自然地充分利用你的大「H」力量。請注意，在這些故事裡，我們討論的幸福狀態主要是朝著精通發展的內心之路。英雄掌握和培養幸福的旅程是一次持續的請求，是一種發展覺知的充滿活力的狀態。

當你流覽內心的歷程，或者開始描繪自己的英雄之旅時，哪些要素會一步一步地顯現出來？再次探索一下這些要素在你生活中是如何分佈的。

- 你受到了召喚。
- 你探索接受召喚所需的高級能力。
- 你在自己內部尋找這些高級能力，以便接受召喚。
- 你開始觸及並培養這些內在的能力。
- 你測試並學習這些能力，直到你能很好地運用它們。
- 你學會如何保持這些能力。
- 你把這些高級能力傳遞給他人。結果，每個人都感到了幸福，大家的生活都變得美好了！

請注意，我們正在描述的是奉獻的步驟，聚焦於精通是一個關鍵的起步定位。它位於「體驗人生多個領域中的幸福」的核心位置。

精通與幸福

　　教練的一個關鍵概念是，任何對精通的聚焦都會逐漸引出人們生活的意義和快樂。對任何人來說，要跟隨內心的召喚、樹立目標、開展英雄之旅，精通和自我發展都是很重要的。

　　請注意，這次旅程是你私人的。在培養個人精通的時候，只有你自己才能選擇如何體驗和表達內心的快樂。只有你才能把幸福的能量傳遞給他人，讓大家分享這種狀態。

　　人們都希望，如果他們在某件孤立的事情上努力工作，他們就能獲得幸福。因此，如果奉獻和精通是他們唯一的努力焦點，他們很可能無法達到幸福的狀態。我們需要玩樂，幸福需要在那樣的時刻降臨。

　　我們需要把幸福的四個領域融合、連接起來，這樣，生命之旅才能時不時地提供燃料，點燃我們內心快樂的火焰。正如英雄的故事一樣，體驗把握幸福的方式就像第九章講述的四個關鍵領域一樣。簡單來說，英雄需要發現自己在四個領域的發展優勢。這四個領域包括意願幸福（創造性表達）、成果幸福（身體成果）、社會幸福（情感的積極因素）和靈性幸福（生命意義的發展）。他還需要培養出持續進入這些領域的能力。當智商（「我」意識）、個商（「它」或「這」的意識）、情商（「我—你們」的意識）和群商（「我們」的意識）這四個領域取得平衡時，英雄就能體驗到最大的回報。

慶祝幸福狀態

回憶一下眾多英雄之旅結尾處描述的慶祝場面。隨著英雄獲得的精通狀態被大家分享，被傳遞給他人，整個系統都會體驗到幸福的狀態！在這些故事裡，幸福被視為人生大冒險中很自然的一部分。

請注意，所有這些有教育意義的故事都強調，幸福狀態是緊密相聯的。如果你沒有為自己提供幸福的狀態和能量，你就會喪失奉獻幸福的能力，就不能與他人共同培養真正的遺產，無法使他人從中受益。

在生命的每個時刻，你都有機會選擇你的狀態——積極狀態、中性狀態或消極狀態。你要控制自己的狀態，而不是讓狀態控制你！只有你能決定是否與幸福的能量充分連接，這種能量會在你學習和成長的每個階段伴你身邊。

想一想，除非你願意對自己和他人開放這個值得慶祝的寶貴狀態，否則你就無法真正找到幸福這份禮物。你需要敞開一道每天都能進入幸福狀態的門，使你周圍的人在解鎖、開放、跨過自己的生命發展之門時，也能感受並欣賞自己的滿足感和內在的感恩。來自這個地方的感恩會包容一切，能整合我們，使我們進入超越自身的狀態。

只有你才能為每個階段添加滿足和幸福。生命是包括四個階段的計畫，這四個階段是激勵、實施、價值整合和完成。你無須為此花費太多時間，只需把幸福加進去，就像添加生活的調料一樣。它會使每道菜更美味。你只需宣佈它、想像它，為你和周圍每個人都擁有它而感到開心！

強大的愛

　　想一想，如果你要通過轉化式對話激勵和幫助他人，你就需要深切地感受並欣賞那些你已經肯定的價值。當你學會真正融入自己的價值時，他人也能感覺到這些價值。有時候我們稱之為愛。當今世人已經不熟悉這種古老的藝術了。如果我們毫不掩飾地珍視自己的價值觀，我們也在激勵他人這麼做。

　　要做到珍惜此時此刻，你既要宣佈它的價值，也要感受這種狀態。為了完成一次令人滿意的旅程，你需要強調狀態改變的重要性。它在旅程的每一步都創造了幸福的體驗。這些是投入的、有能量的、以價值為基礎的連接感，也是對你積極培養的幸福狀態的讚賞。你可以學會慶祝生活中所有重要的領域，感恩它賜予自己這份禮物。這種共振也會傳染給他人。

　　真正的幸福體驗是巨大而令人難忘的。當你把幸福這份禮物贈予他人時，你的生活就真正開始了持久的改變。當你以一種對自己有意義的方式分享你的願景，以自己為榮，朝著目標前進，擁抱生命的全部時，你就會發現，自己在最深的層次上被他人全心全意地接受了。想像你自己像大「H」一樣挺拔地站立，把自己內在的幸福向外伸展，與你周圍的每個人和每件事連接在一起！

每天用語言慶祝旅程

　　你可以用語言慶祝每一個學習和發展階段。當我們強調連接和持久學習的內在價值時，生活可以是一系列的祝酒辭和歡迎辭。只有你才能決定如何與快樂的體驗和強大的能量相連，如何向那些陪你度過旅程的人表達你的感恩和快樂。

　　說出祝辭不一定需要酒。帶著感恩和祝福的話語，就為我們開啟了一個對自己和他人都有價值的慶祝狀態。你的話語提供了一扇讓周圍每個人進入感恩的大門。你的話語會幫助他人解鎖、開放、跨入欣賞自己的滿足感和內在感恩的大門。

　　你會培養一種幸福的習慣，讓你無須理由就能感到快樂嗎？想一想，要做到這一點，你需要暫停其他所有的事，聚焦於內在感恩，認可自己和他人，用語言來慶祝，即使每天只這麼做一兩次也行！找一種方法來慶祝創造力、短期成果、長期學習、傳承和當下的完美。

　　用這種方法來慶祝，你就欣賞、感受並和整個群體分享了自己的天賦。在整個過程中，你也是一名接受者。

　　只有你才能認定幸福是有效的。只有你才能體驗到愛帶來的純粹歡樂，慶祝真正的幸福，並把它奉獻出去，就像對自己和周圍人的一次款待。

練習：
發掘你的幸福潛力

　　做下面這個練習時，每次不超過20分鐘，每天練習，持續一個月，就能為你的生活增加巨大潛力。再一次想像你展開了英雄之旅。但這次要加上一樣東西——一盞聚光燈。想像一盞巨大的聚光燈照耀著你的生命故事。

　　為了開啟真正的幸福意識，你需要在計畫的細節上點亮一盞燈。看到自己在燈光的照耀下進行英雄之旅，在旅程的所有重要領域找到動力和快樂。看到自己把內心的快樂傳遞給他人。你的實際年齡或這個遊戲本身都不重要。你或許想讓燈光照亮一些關鍵領域，照亮那些在平衡和能量方面對你來說很重要的領域。（你或許可以加入一個百人唱詩班，演唱背景和聲。）看到自己在奉獻幸福和愛的純粹歡樂方面成為專家。

　　這個練習很簡單。只需用你的聚光燈照亮願景的每個角落，在那裡，你會為向他人奉獻幸福而感到快樂。欣賞這種行為！經常這樣做。每天做10秒鐘這樣的想像練習，堅持21天，這些景象就會融入你真實日常生活的各個方面。送上我最美好的祝福！

應用智慧：通過肯定來強化從每章學到的知識

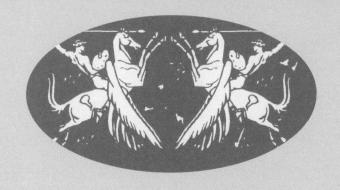

滿懷信心地朝著夢想進發。過你想要的生活！

——亨利·大衛·梭羅

不要問這個世界需要什麼，
而要問什麼能讓你擁有生命力，然後大膽地走向那裡，
因為世界需要的正是有生命力的人！

——Neha Nangia（印度）

繼續探索教練的藝術與科學

　　不管一個人相信或肯定什麼，宇宙都會回答「好的」。因此，許多人發現，通過精心挑選肯定的表述，用經過深思熟慮的積極方式來處理自己的信念，會起到很好的效果。請一直用積極的方式構建肯定。把肯定大聲地說出來，或帶著信念、聚焦、享受在心中默念。你可以設計自己的肯定話語，也可以從下列建議中選出最符合你生活和心態的肯定話語。

第一章　如何玩轉大師的遊戲：教練方法

　　我成了自己意識裡夢想的樣子。

　　我在假期中找到了充滿熱情的目標，把生活中的每一天都變成了假期。

　　我玩了一個終生受益（life-enhancing）的遊戲，它幫助我跟隨自己的核心價值、真正的興趣和獨特的天賦而活。

　　我的目標是大師的精通狀態，現在我就進入了大師的思維狀態。我完全清醒，並與當下如何創造自己的想法、感受、反應和結果相連。

　　我愛自己的「人」（Hu-man）的設計。我腳踏實地，向上伸展。

　　我是溫暖的，與人相連，和人相處時非常靈活。我帶著謙虛、幽默、感恩和真正的寬恕之心去生活。

第二章　大腦及其工作原理

　　我越來越意識到自己最有效的大腦習慣，我丟掉了舊的習慣模式和盲點。

　　正如米爾頓‧埃里克森對馬一樣，我信任自己的內在智慧和深層認知，然後配合它們採取行動。

　　我有意識地選擇鍛煉自己的整個大腦，讓我的生活獲得平衡和連接。

　　當我鍛煉整個大腦時，我能通往自己所有的創造力和資源。

　　我更有能力朝著自己充滿激情的目標努力，實現以自身價值為基礎的願景。

　　我真的很享受運用大腦皮層視覺化的能力的過程。

　　我展現了自己對生活的全部夢想。

第三章　超意識思維：你的整合系統

　　我是有願景的人。

　　我把自己的夢想當作目標，投入生命去實現它們。

　　我過著充滿激勵的生活。

　　我會談論自己希望在生活中創造什麼。

　　我的聲音是一個有力的工具。我有意識地選擇使用溫暖、放鬆、充滿愛的聲音對自己和他人說話。

　　當我注意到自己或他人聚焦於不想要的東西，使用「沒有」、「不」、「不要」這樣的詞時，我會好奇他們真正想要的是什麼，想到我能如何重塑這種討論。

　　我的深層認知是我追尋最美好未來的驅動力。

　　我經常探索並感受內在智慧。

　　我的意識和超意識作為一個整合的直覺系統，在一起有力地工作，幫助我實現目標。

　　我的意識通過在內心提出問題來支持我的深層認知，使我每天朝著做出最佳選擇和實現夢想努力。

第四章　人生計畫的四個階段

我有意識地選擇去完成我喜愛的生活計畫。

我按照一個菱形進行思維。我獲得了激勵、實施、整合，最終完成並得到了滿足。同時，我在每一步驟中都學習和成長了。

我很清楚，當有一個足夠大的「為什麼」時，「怎麼做」就變得容易了。我首先聚焦於激勵願景的「為什麼」和「什麼」，執行的步驟很快就變得清晰而簡單了。

隨著每天的學習，我獲得了在人生計畫中實現本壘打所需的技能、資源、戰略、承諾和勇氣。

隨著我實現人生計畫，我有意識地尋找方法，讓我的旅程變得更有意義，讓我做出更深的承諾，把我的計畫擴展得更遠。

完成每一步時，我都會通過慶祝成就和提供獎勵來肯定自己。

第五章　思維本源：人類如何持久改變

我為自己所有的行為模式負責，尤其是那些在意識或超意識中阻礙我的習慣性結構。

當我注意到自己用拖延、猶豫、分心來抗拒有用的改變時，我會採取行動跨越抗拒。

我會建立提醒和連接：

・我清楚自己的願景嗎？

・我的願景和我的價值相連嗎？

・第一步是不是足夠小，讓我現在就能想像並開始執行？

　　我用大師的思維狀態慶祝前進的每一步，我會繼續前進。它會變得更容易，我會變得更好！

第六章　抗拒和四道小妖之門

　　我擁有轉化式對話，能幫助自己和他人建立連接，變成有目標的人。

　　我的願景非常清晰，我知道自己的最高意願，我的行動具有一致性。

　　所有舊的內心小妖的核心都是以智慧為基礎的積極意願。我注意到了這個積極意願，給予它感謝，運用它為我提供的智慧。

　　我喜歡回饋。我意識到，支援和挑戰的融合能讓我的生命實現指數增長。

　　我學習，我成長，我在所有的人生經歷和得到的回饋中看到了機會。

第七章　基本焦點：與原則為伴

　　我有意識地與埃里克森教練的原則為伴，因為這些原則能讓我向他人展示最好的一面。

　　我是一個偉大的創造者。我目前的樣子就是好的，其他每個人也都是。

　　我有意識地選擇喚醒自己的深層認知體系。它知道我需要什麼，我信任它。

　　我選擇了成就自己的完整性，因此，我會體驗自己周圍所有的東西。

　　我傾聽完整性，人們在傾聽中會發生改變。

第八章　意願和注意力：連接思想、情感和行為

英雄行為是我們真正的人類本性。當我在真理面前幫助自己和他人時，我就是一位英雄。

我聚焦於自己會成為什麼樣子，而不是我在生活中克服了什麼。

我有意識地設立提供服務的強大意願。當我有意識地為他人服務時，他人也為我服務。

我有一個平衡和連接的焦點。我的強大意願指引並聚焦於我如何關注。

我精心設立的意願和注意力使我實現了自己的目標。

我有意識地設立「意願—注意力藍圖」，幫助我得到想要的東西。

當我反復想像和感覺自己已獲得想要的東西時，我想要的東西就在外部世界出現了。

視覺化＝物化。

第九章 身心幸福的召喚

我體會了自己生命中意義的流動和純粹的歡樂。

我讚賞生命的禮物，我感覺到了生命的禮物，我與世界分享生命的禮物。

我看到並感覺到了宇宙流淌出的愛的純粹歡樂和幸福。它們流過我的身體，到達當下。

真正的幸福是一種選擇，我選擇當下就獲得幸福。

我像大「H」一樣挺拔地站立，讓內在幸福與外界連接。我與周圍每

個人和每件事連接起來！我就是愛的純粹歡樂。

第十章　英雄之旅：你生命的召喚

　　我是自己人生故事裡的英雄。我用自己完美的方式，達成了身心幸福鮮活的傳承。

　　我閃耀著幸福的潛力。隨著生命故事的展開，我不斷學習和成長。

　　我是自己內在真理的勇士、救世主、冠軍和領導者。

　　隨著培養自己的性格、身心合一、自我認識和信任，我在實現生命的召喚。

　　我做出了有力的承諾，並在面臨內部和外在困難時堅守承諾。

　　我是生命的奇蹟，是自己的榮耀。

　　今天，我選擇獲得自己所有的歡樂和幸福。我如此感恩，如此幸運。謝謝你，謝謝你，謝謝你！

作者簡介

瑪麗蓮・阿特金森博士

　　瑪麗蓮・阿特金森博士是《教練的藝術與科學》系列的主要作者，本叢書包括三冊。她構思並擴展了三本書中的許多概念、流程和程式。她是國際公認的教練培訓師和開發者，也是許多組織的顧問。她是一位NLP（神經語言程式學）大師級教練，也是一位心理學家。瑪麗蓮的大部分職業生涯都在與個人和組織合作，提供成果導向教練和輔導的諮詢、設計與培訓。她逐漸掌握了書中提到的有效方法，並在遍及四大洲的課程中運用這些方法。

　　瑪麗蓮是加拿大人，現居溫哥華，是埃里克森國際中心（www.erickson.edu）的創辦者和院長，教授獲得國際教練聯合會認證的教練課程。到目前為止，她在職業生涯中已經協助創辦了50多所埃里克森教練中心，遍及世界各個角落。她從1985年起一直在這些中心擔任成果導向的教練和輔導。瑪麗蓮也被譽為NLP和教練領域的遠見卓識者、領導者和作家。她是一位極具影響力的創新者，在她的領域閃耀存在，其強大的個人發展課程享譽世界。全球30多所NLP中心都使用她的練習設計和練習程式。她實用而系統的教練技能和策略被稱為「教練的黃金標準」（Gold Standard of Coaching）。

蕾·切爾斯

蕾·切爾斯是一位國際教練聯合會認證的轉化式教練。她與終身學習者一起，喚醒他們和他人內心的天賦。蕾的教練時長超過2500個小時。作為全世界眾多聽眾和客戶的轉化式教練、培訓師和引導者，她的熱情和過人的天賦得到了廣泛認可。

作為埃里克森國際中心的培訓師，她培訓和輔導了全球數百位教練。

蕾對變革過程毫不陌生。她是兩個小男孩的母親、處理大量訊息的企業家、朋友、志願者、運動員和終身學習者。蕾經歷過「生命的兩極」，並從艱辛的生活中學到了很多。

在成為專業教練和培訓師之前，蕾曾在鹽湖城奧運會組委會工作，並在國際水域的遊船上協助64個國家的高層進行溝通。

作為一名終身學習者，蕾·切爾斯融國際經驗、教育背景和影響力於一身。她能提供範圍很廣的計畫和服務，包括一對一轉化式教練、團隊教練、遠端課程、網上虛擬培訓和現場培訓。

她與人合著的書籍《做出有力的選擇——30天計畫》（The Making Powerful Choices30-Day Program）和CD於2005年出版。從那時起，這個「如何做」系統已經為世界各地成百上千人提供了幫助，讓他們鮮活地想像並勇敢地相信，他們能過上也會過上自己喜愛的生活。她最新推出了一個免費的28天冥想和想像練習，名為「BLISScipline AIM」。欲瞭解關於該計畫的更多訊息，請訪問www.blissicplineaim.com。該計畫旨在通過每天的練習，幫助人們和團體茁壯成長。

推薦閱讀

Bateson, G., *Steps to an Ecology of Mind* (Ballantine, 1972).

Beck, Don, *Spiral Dynamics* (Blackwell Publishing, 2005).

Berg, Insoo Kim and Szabo, Peter, *Brief Coaching for Lasting Solutions* (W. W. Norton, 2005).

Brain/Mind Bulletin. Ongoing Periodical (Los Angeles: Interface Press).

Bryne, Rhonda, *The Secret*（Beyond Word Publishing 2006).

Chois, Rae, Chois, Antheny, Heyl, Larrye, and Becket, Cara, *Making Powerful Choices: 30 Day Journey to a Life you Love* (Powerful Choices Publishing, 2005).

Chopra, Deepak *The Seven Spiritual Laws of Success: A Practical Guide to the Fulfillment of Your Dreams* (Amber-Allen, 2007).

de Shazer, Steve, *Keys to Solution in Brief Therapy* (W. W. Norton, 1985).

Demartini, John, *The Breakthrough Experience* (Hay House, 2004).

Dillard, Annie, *Pilgrim at Tinker Creek* (Harper Perennial, 1988).

Dilts, Robert, *Roots of Neuro-Linguistic Programming* (Meta Publications, 1983）

Dooley, Mike, *Notes from the Universe* (Tut, 2003).

Dwoskin, Hale, The Sedona Method (Sedona, 2003).

Dyer, Wayne, *Power of Intention: Learning to Co-Create Your World Your Way* (Hay House, 2004).

Gallwey, Tim, *Inner Game of Tennis* (Random House, 1997).

Gilligan, Stephen G., *The Legacy of Milton H.Erickson: Selected Papers of Stephen Gilligan* (Zeig, Tucker & Theisen, 2002).

Gordon, David, and Meyers-Anderson, Maribeth, *Phoenix: Therapeutic Patterns of*

Milton H.Erickson (M E T a Publications, 1981).

Harris, Bill, *Thresholds of the Mind* (Centerpointe, 2002).

Havens, Ronald A., *The Wisdom of Milton H.Erickson: The Complete Volume* (Crown House, 2005).

David Hawkins, *Power vs.Force: The Hidden Determinants of Human Behaviour* (Hay House, 2002).

Hicks, Jerry and Hicks, Ester, *The Power of Deliberate Intention* (Abraham-Hicks, 2004).

Hicks, Jerry and Hicks, Ester, *Ask and It Is Given. Learning to Manifest your Desires* (Abraham-Hicks, 2004).

Holmes, Ernest, *Creative Mind and Success* (Tarcher, 2004).

James, Tad, T*he Secret of Creating Your Future* (Advanced Neuro Dynamics, 1989).

Katie, Byron, *Loving What Is* (Three Rivers Press, 2002).

Oates, Robert, *Permanent Peace: How to Stop Terrorism and War -Now and Forever* (Oates, 2002).

Pearce, Joseph Chilton, *Evolution's End: Claiming the Potential of Our Intelligence* (Harper SanFrancisco, 1992).

Rosenberg, Marshall, *Nonviolent Communication: A Language of Life* (Puddle Dancer, 2003).

Senge, Peter, *The Fifth Discipline* (Century, 1990).

Shapiro, Stephen, *Goal-Free Living: How to Have the Life You Want Now* (Wiley, 2006).

Tolle, Eckhart, *The Power of Now* (Hodder & Stoughton, 1999).

Vitale, Joe, *The Attractor Factor* (Wiley, 2005).

Weakland, J., Fisch, R., Watzlawick, P., and Bodin, A., *Brief Therapy: Focused Problem Resolution* (1974).

Whitworth, Laura, Kimsey-House, Karen, Kimsey-House, Henry, and Sandahl, Phillip, *Co-Active Coaching: New Skills for Coaching People Toward Success in Work and Life* (Davis-Black, 2007).

Williams, Linda V., *Teaching for the Two Sided Mind* (Simon & Shuster, 1983).

推薦網站

www.coachfederation.org

www.erickson.edu

www.ericksonalberta.ca

www.erickson.no

www.ericksontr.com

www.BLISSciplineAIM.com

www.businesstransformed.com

www.Abraham-Hicks.com

www.tut.com

www.thesecret.tv

www.centerpointe.com

www.peacefulearth.com

附註

　　1.書中描述的2001年以來的實驗可以在很多資料來源中找到最新案例，例如：《大腦如何重組自身》（*How the Brain Rewires Itself*），《時代》雜誌（*Time*），2007年1月29日；莎倫・貝格利（Sharon Begley），《訓練你的思維，改變你的大腦》（*Train Your Mind, Change Your Brain*），巴倫丁書局；海倫・梅伯格（Helen Maybeg），《認知療法與大腦皮層》（*Cognitive Therapy and the Cortex*）；阿爾瓦羅・帕斯誇-列儂（Alvaro Pascual-Leone），《五指鋼琴練習》（*Five Finger Piano Exercise*），哈佛醫學院；傑夫・施瓦茨（Jeff Schwartz），《自我指導的神經可塑性》（*Self-Directed Neuroplasticity*），加州大學出版社。所有這些資料來源討論的實驗都表明，心理訓練能改變大腦的物理結構。換句話說，大腦可以被重組，從而重塑身體、情緒、認知和精神能力。它具有巨大的神經可塑性。

　　2.對猴子大腦進行磁共振成像的開創性研究表明，愛和同情心等積極的情感確實是一項技能，這種技能在某種程度上是可以被訓練出來的。研究表明，冥想等過程會強化關注力自控所涉及的神經回路。請參見下面幾位的工作成果：理查・大衛森（RichardN Davidson），威斯康辛大學麥迪森分校神經學家，《磁共振成像和禪修僧侶》（*MRI and Meditating Monks*）；丹尼爾・西格爾（Daniel Siegel），加州大學洛杉磯分校，《神經放電導致神經放電的變化》（*Neural firing leads to changes in neural firing*）。也可參見凱薩琳・埃利森（Katherine Ellison）在《今日心理學》（*Psychology Today*）2006年10月刊第74頁的《掌握自己的思維》（*Mastering Your Own Mind*）一文中提及的：「美國麻塞諸塞州總醫院的最新研究發現，每天冥想40分鐘能強化負責注意力和感官處理的大腦皮層。在美國加州大學三藩市分校的試點研究中，研究人員發現，經過簡

單培訓的教師每天冥想不到30分鐘，就能起到服用抗抑鬱藥物同樣的效果。」

術語表

引言

logical levels model 邏輯層次模型

trainer 培訓師

coach 教練

solution-focused 成果導向

self-coach 自我教練

coach exercise 教練練習

inner vision 內在願景

project thinking 計畫思維

skill-building regime 技巧構建體系

Milton Erickson 米爾頓・埃里克森

Erickson Coaching International 埃里克森國際教練中心

healer 治療師

第一章

therapeutic metaphors and stories 治療式隱喻與故事

transformational conversations 轉化式對話

integration stretch exercise 整合伸展練習

第二章

mind system 思維系統

reptilian brain 本能腦

emotional brain 情緒腦

visual brain 視覺腦

cerebral cortex 大腦皮層

brain-mind system 大腦─思維系統

mind-body connection 身心聯合

associative memories 投入式記憶

active memory 主動記憶

Glenn Gould 格倫・古爾德

mental rehearsal 精神排練

visualization 視覺化

第三章

beyond-conscious mind 超意識

integrity system 整合系統

true learning and purposeful living 真知和有目標的生活

conscious intention 有意識的意願

deeper knowledge system 深層認知系統

vision-oriented cerebral cortex 願景導向大腦皮層

integral life development system 整合生命發展系統

internal dialogue 內在對話

hardening of the categories 鐵石心腸

calcified categories 情緒鈣化

deeper knowing mind 深層認知思維

beyond gremlin thinking 超越小妖的思考

第四章

four intentional steps 意願的四個步驟

emotinal energy 情緒能量

intention 意願

stakeholder 利益相關者

inspiration （stage 1） 激勵（第一階段）

implementation （stage 2） 實施（第二階段）

value integration （stage 3） 價值整合（第三階段）

completion and satisfaciton （stage 4） 完成和滿足（第四階段）

transformational awareness 轉化式意識

inner wisdom 內在智慧

comfortable zone 舒適區

deeper knowing 深層認知

deeper mind 深層意識

第五章

mind matrix 思維本源

gray haze of incompletion 不完美的灰色迷霧

mental spin 精神漩渦

awaken 覺醒

beckhard's formula 貝克哈德公式

integral change 整體性的改變

self-reflection 自我覺察

insight 頓悟

resistance to change 對變革的抗拒

mastery focus 精通聚焦

formulation 形成

concentration 專注

momentum 動力

mastery 精通

conscious incompetence 有意識無能力

consistent momentum 持續動力

第六章

interity 一致性，身心合一

wholeness 完整性

gremlin 小妖

fear of dream 對夢想的恐懼

fear of failure: victim identification 對失敗的恐懼：受害者認同

fear of upsetting people: system identification 對激怒他人的恐懼：系統認同

fear of conflict: conflict identification 對衝突的恐懼：衝突認同

system identification 系統認同

inner alignment 內在聯合

associatively / dissociatively 投入 / 抽離

coaching space 教練空間

第七章

self-victimization 自己的受害者

sensory system 感知系統

transformation 轉化

life purpose 人生意圖

positive intention 正面意圖

fundamental focus 基本焦點

transformational communicator 轉化式溝通者

第八章

attention 注意力

thinking, feeling, and doing 思想、情感和行為

intention 意願

spiritual and meaningful dimension 靈性和意義區

intentional dimension 專注力區

emotional and social dimension 情感和社會區

physical dimension 身體區

the zone 境界

perceive 覺察

第九章

integral happiness 身心幸福

happiness quotients 幸福商數

IQ, MeQ, EQ, WeQ 智商、個商、情商、群商

social/emotional "You" 社會／情感的「你」

spiritual meaningful "We" 精神／意義的「我們」

physical "Me" 身體的「個人」

intentional/directional "I" 意願／方向的「我」

spiritual happiness-legacy 精神幸福——傳承

intentional happiness-purpose 意願幸福——目標

social happiness-shared experience 社會幸福——共享體驗

results happiness-achievement 成果幸福——成就

spiritual focus 精神焦點

intentional/creatice focus 意願／創造性焦點

creative connection 創造性連接

social focus 社會焦點

results focus 成果焦點

contribution happiness 貢獻幸福

第十章

growing edge 發展優勢

state change 狀態改變

associative 投入的

inner gratitude 內在感恩

pure joy of love 愛帶來的純粹歡樂

結尾部分

inner flow thinking 內在流動思維

life-enhancing 終生受益

logical progression 邏輯進展

致謝

　　要完成一項持續幾個月甚至幾年的計畫，通常需要一個強大團隊的協同努力，而我們花了整整兩年時間，才寫完這個系列的三本書。本書的兩位作者瑪麗蓮・阿特金森博士和蕾・切爾斯都是經過國際教練聯合會（International Coach Federation, ICF）認證的教練大師。作者在奔波於四大洲的授課和教練計畫裡抽出時間，一點一點地將本書完成。正是由於她們付出的艱辛努力，這本書才得以與大家見面。

　　在此，我還要感謝團隊裡其他成員的努力和貢獻，他們在編輯修訂過程中表現出了極強的專業知識和專業精神。正是在團隊的共同努力之下，這三本書才得以完成。蕾・切爾斯起草了本書的綱要和草稿，她不斷催促我加快寫作，同時不斷加入她的內容和觀點。她還參與了各個階段的編輯工作。我和蕾寫下這些觀點的過程，就是一次非常新奇的經歷。同時，本書還吸收了很多他人的想法。這裡我要特別感謝羅伯特・迪爾茨（Robert, Dilts），他運用邏輯層次模型給本書添加了許多內容。

　　許多教練和作者閱讀了本書最初的草稿。這裡我想感謝安・哈茲奎斯特（Ann Hazelquist）、謝麗兒・休斯（Cheryl Hughes）、邦尼・波瑞奧爾特（Bonnie Beriault）、麗莎・赫普納（Lisa Hepner）、凱莉・貝克特（Cari Beckett）、拉瑞・哈爾（Larrye Heyl）和希瑟・帕克斯（Heather Parks），他們從讀者的角度提供了寶貴的意見。溫哥華的理查・海姆斯（Richard Hyams）、莫斯科的本傑明・舒曼（Benjamin Schulman）和葉卡捷琳堡的斯坦尼斯拉夫・格林德伯格（Stanislav Grindberg）等助理教練則提供了一些練習題目和新想法。我的愛人勞倫斯・麥金斯（Lawrence McGinnis）花了大量時間校對並和我討論，在此基礎上協助修訂了本書。蕾的孩子艾賽亞（Isaieh）和喬斯（Jos）則慷慨地放棄了與媽媽共度的親

子時間。在此，我還要感謝這兩個孩子！

　　在本書寫作的各個階段，來自世界各地的教練，包括俄羅斯的安娜‧拉伯德維（Anna Lebedeva）、馬克西姆‧奧斯赫科夫（Maxim Oshurkov）和斯維塔‧庫馬科娃（Sveta Chumakova），烏克蘭的愛卡特瑞納‧杜牧尼那（Ekaterina Druzhinina），土耳其的埃謝爾‧布凱丁（Eser Buyukaydin）和澤林‧拜索（Zerrin Baser）都熱情地提供了大量幫助！他們還很快把這三本書翻成了俄語和土耳其語。

　　此外，我還要特別感謝以下教練和教練導師對國際教練聯合會認證的埃里克森培訓課程《教練的藝術與科學》的幫助，他們是（包括但不限於）：理查‧海姆斯、羅莉-安‧德默斯（Lori-anne Demers）、托米‧格羅夫（Thomi Glover）、托尼‧哈斯泰德（Tony Husted）、凱西‧麥克澤（Kathy McKenzie）、讓‧格奧爾格‧蒂安森克里斯（Jan Georg Kristiansen）、哈娜‧西德爾（Hanna Sedal）、安娜‧拉伯德維（Anna Lebedeva）、馬克西姆‧奧斯赫科夫、斯維塔‧庫馬科娃、凱塔亞‧馬克西姆娃（Katya Maximova）、瑞薩‧波羅索瓦（Raisa Belousova）、西格‧卡普薩（Sergei Kapitsa）、詹尼特‧索亞卡（Janet Soyak）、埃謝爾‧布凱丁、澤林‧拜索、斯維特拉納‧波普瓦（Svetlana Popova）、斯坦尼斯拉夫‧格林德伯格、特蕾西婭‧拉羅克（Teresia LaRocque）、琳達‧漢米爾頓（Linda Hamilton）、姬芮‧庫卡（Jiri Kunkar）和巴里‧斯威尼基（Barry Switnicki）。

　　我還要感謝我們的編輯、出版人、文字編輯和打字員團隊，他們是凱姆‧薩瑞（Kazim Sari）、特諾曼‧阿本（Teoman Akben）和勞拉‧普爾（Laura Poole）。柏弗利（Beverley）協助完成了草稿整理、結構整理以

及編輯的工作，艾立夫・博納・庫魯那（Elif Berna Kutluata）編輯了土耳其語版本，凱思琳・奧布萊恩（Kathleen O'Brien）給各個章節潤色，費歐娜・尼科爾森（Fiona Nicholson）和瓦內薩・哈斯泰德（Vanessa Husted）給三本書添加了圖片和圖表。

此外，我要感謝埃里克森中心全球所有的工作人員和培訓師。通過你們的努力，這些書才送到了那麼多人的手中，觸動了那麼多人的心靈。

我想，真正感謝他們的方式就是把書寫好，使之成為一本標誌性的作品。唯有這樣，我才對得起他們的幫助、努力和付出。

向你們致以深深的敬意和美好的祝福！

瑪麗蓮・阿特金森

國家圖書館出版品預行編目（CIP）資料

喚醒沉睡的天才：教練的藝術與科學：教練的內在動力/瑪麗蓮.阿特金森(Marilyn Atkinson), 蕾.切爾斯(Rae Chois)著；古典, 王岑卉譯. -- 初版. -- 臺北市：華品文創出版股份有限公司, 2021.09
　　面；　　公分. -- (教練的藝術與科學系列；1)
　　譯自：Art and science of coaching : inner dynamics
　　ISBN 978-986-5571-49-8(平裝)

　1.輔導 2.自我實現

178.3　　　　　　　　　　　　　　　　110013985

喚醒沉睡的天才
教練的藝術與科學：教練的內在動力

作者	瑪麗蓮‧阿特金森 Marilyn Atkinson 蕾‧切爾斯 Rae Chois
譯者	古典　王岑卉
總經理	王承惠
財務長	江美慧
美編設計	不倒翁視覺創意
印務統籌	張傳財
出版者	華品文創出版股份有限公司
地址	100台北市中正區重慶南路一段57號13樓之1
讀者服務專線	(02) 2331-7103
讀者服務傳真	(02) 2331-6735
E-mail	service.ccpc@msa.hinet.net
總經銷	大和書報圖書股份有限公司
地址	242新北市新莊區五工五路2號
電話	(02) 8990-2588
傳真	(02) 2299-7900
印刷	卡樂彩色製版印刷有限公司
初版一刷	2021年9月
定價	平裝新台幣350元
ISBN	978-986-5571-49-8